Yeni Edisyon

# LEDÜN İLMİ

## Hayy

## KEVSER YEŞİLTAŞ

**Designed, Published and Distributed by** Bookcity.Co

www.bookcity.co

**Bookcity.Co**

ISBN: 978-1-912311-12-5

*Okudukların sadece bir başlangıç…*

# İÇİNDEKİLER

# ÖNSÖZ

"Seninle büyük işleri başardık ve başaracağız. Bu benim dileğimdir. Başarı, gönül dostluğu olan sevgidir. Gönüllere girmek, gönül yapmak, gönüllü olanların harcıdır. Gönül ehilleri onlar. Bekleyenin var. BEN ve benimle olanlar. Artık bir yakının var, çok yakının. Bunu unutma. Şimdi sen "Duyguları hezimete uğramış biri mi yapacak bunu?" diyorsun kalbinden. Unutma! "Bu yazdıklarını okuyanlardan herhangi biri, bir başka birine bakışını değiştiriyorsa, işlem tamamdır, görev tamamdır. İşte biz, binler binler için değil, sadece biri için buradayız. Sadece O Bir olan için."

Hayy manâsına bir yolculuk eyledik ve ortaya bambaşka açılımlardan oluşan bir bilgi birikimi çıktı. Ledün İlmi, Gayb Dili, Tevhid İnancının ötesi ve Birlik Felsefesinin yenilenmiş açılımlarından oluşan bir kitap. Kaynak tamamen Biz olanların Gönülleri ve elbette ki merkezimiz olan Kur'an-ı Kerim. Kısaca, herhangi bir kitaptan alıntı yapılmadan yazılan bir kitaptır.

Raflarda ve gönüllerde yerini almak için sayılı zaman bitti ve şimdi beğenilerinize sunuldu.

Kevser Yeşiltaş 2017

# BAŞLANGIÇ

13. yüzyılda yaşamış çok kıymetli cevher yürekler var. Onların adı ve felsefesi neredeyse unutuldu. Kendi zamanlarına sıkışıp kaldılar sanki. Onlar modern çağa akmak istediler. Biz de klavyemizi kalem eyledik ve onların dileklerini baş üstü yaptık. Hatırlatıcı olarak iş başında olalım istedik.

Hakk yolunda yürürken kimi zulüm gördü, kimi katledildi, çoğu da şimdiki zamanda unutuldu gitti. Bu çağda bilinmek seslerini duyurmak istediler. Bu istekleri, o çağdan bu çağa aksetti. Tekrar hatırlanacaklarını, kendi zamanlarından biliyorlardı ve nasıl ulaşacaklarını da Plânlamışlardı. Bizler onları hatırladıkça ve Onların ruhları onurlandıkça, her birimizin kendi ruhları da onurlanıyor, kutsanıyor bir nevi.

Hakk'ı bulmuşları, Aşka varmışları tanımak ve idrak etmek, Hakk kavramını ve İlâhî Mekanizmayı tanımaktan da zordur.

Çünkü insan kibirlidir ve nefsi fısıldar daima "Allah bize sesini duyurmak için bir insan mı göndermiş. Nasıl olur da bir insandan seslenir. O insan da aynı bizim gibi beşerdir, yiyen, içen ve uyuyan".

Bu yüzdendir ki Veliler ve Nebiler, yüzyıllardır ağır zulüm gördü, dışlandı ve bazıları da katledildiler. Onları tanıdıkça, kabullendikçe, kendi nefsimizi ve kibrimizi tanıyor ve ehlileştiriyoruz aslında. Her şey hiyerarşik düzendedir. Hakikatlilerin bastığı eşik olalım ki, o basamakların liyakatine erelim vesselam.

Bizlere, çağlar boyunca, sonunda ünlem olan rica ve emir kipleri sunuldu.

Yap!.. Et!.. Git!.. Konuş!..

Lâkin nasıl olacağını asla ve kati gösteremediler.

Kolaydır öneride bulunmak! Çaresini, yolunu göstermektir zor olan.

Aşkı bulmuş, Hakka Eren Nebi ve Velilerimiz bize daima işaret ettiler kendi menzillerinden. Mucizevi "Nasıl" sorusunun en güzel cevaplarını. Ve dahi, kendi ruhlarımızdaki yankılarımızı nasıl dinleyeceğimizin yolunu.

Onlardan birine daha kulak vereceğiz bu kitap ile. Fakat önce üzerinde yazarı Kevser Yeşiltaş ismi yazan kitapların bir ilham kitabı olduğunu ve nasıl yazıldıklarını aktarmak istiyorum.

2010 yılı Mart ayında başladı kitap yazma serüvenim. Serüven diyorum, çünkü bir kitap yazarı değildim ve konu ettiğim hiçbir kitap içeriği ile geçmişe dayalı bir eğitimim ve bilgim yoktu. Kitapları, tamamen ilham üzerine kaleme aldım. Hangi konu ve ilgili sufi ise, bana rüyalarımda işared ettiği ipuçlarından yola çıktım. Bilmece çözer gibi, iş başındaydım ve rüyamda bana verilen, sufinin yaşantısı ile hiç alakası olmayan bir şifre ile bağlantı kurmaya çalıştım ve muazzam bilgilerin ortaya çıktığını gözlemledim. Sufilerin kaleme aldığı kendi kitaplarından, çok minimum derecede az yararlandım. Kaynak-Alıntı yapmak mecburiyeti hissettim. Tamamen hissiyat ve ilhamı kitaba nakletseydim, farklı yorumlara sebebiyet verecekti.

Hangi sufinin kitabı yazılacaksa, eserlerinden aldığım en çarpıcı paragrafları okudum ve ruhumdan akseden ilham ve sezgilerle kitapları bir bir kaleme almaya çaba gösterdim. Her Sufi de kendi kitabının koruyucusu ve gözeticisi oldu. Sonuçta, kendi zamanlarından, günümüz modern zamana akmak, gelmek, bilinir olmak ve anlaşılır olmak dileğindeydiler. Her birine gönül yolundan selam ederim.

Her kitabın öncesinde, bir hikâyesi olduğunu fark ettim. Ve bunları da size aktarmayı uygun buldum.

Kuantum Gizli Öğretisi ilk kitabım oldu. 2010 Ağustos ayında piyasaya çıktı. 2017 yılında ise Kuantum Fiziği ve Felsefesi olarak yenilendi. 2009 yılında İndigo Dergisinde yazarlık yapıyordum. Orada yazdığım tüm yazıları derleyip bir kitap çıkarma yoluna girişmiştim. Ki yaşamımda bir anım olsun, bir kitabım olsun istedim. Nereden bilecektim ardı arkası kesilmeden üreyeceklerini. Çünkü hiç hesapta yoktu peşi sıra gelecek kitapların. Böyle bir Plânım yoktu hayatımda.

Mevlâm ne eylerse güzel eyler sözü burada devreye girmiş oldu.

2011 Mayıs ayında piyasaya çıkan Ene'l Hakk Hallac-ı Mansur kitabının öyküsüne gelince. Karşılaşmalar!... Yaşamımda 38 yaşına kadar hiçbir öğreti ve bilgi almamış biriydim ve karşılaştığım bir Hakk üstadı Hallac-ı yazacağımı ve kaleme aldığım kitap ile tüm Dünyanın o yazılanları işiteceğini bahsettiğinde, hiç inanmamıştım. Çünkü Kuantum kitabım ilk ve son olacaktı. Sonra yaşamıma normal olarak devam edeceğimi

Plânlamıştım. Lâkin Hakk Plânları yapmıştı ve benim kendi Dünyasal Plânlarımın her biri tek tek suya düştü.

"Biz yazarsak okunmaz, sen yaz ki herkes okusun, Dünya işitsin senin gönül kaleminden dökülenleri". Bu sözler Hakk ehlinin sözleriydi. Ve çok geçmeden yaklaşık 2 yıl sonra Türkiye'de çok seyredilen bir dizide Ene'l Hakk kitabından alıntılar yapıldı, meşhur dizinin senaryosuna dâhil edildi ve en can alıcı sahnelerin olduğu dört bölümde seslendirildi. Ve sanki kehanet gerçekleşmişti. Dizinin seyredildiği Dünyanın otuzu aşkın ülkesinde, kitaptan sözler işitilmiş oldu. Kelimesi kelimesine doğruydu. Okunacak denmemişti bana, işitilecek denmişti ve öyle de oldu.

Şu ana kadar en uzun süreli yazdığım kitap Ene'l Hakk kitabıydı. Yaklaşık 30 gün sürdü. 30 gün boyunca, rüyalarım, ruhum, aklım, düşüncelerim tamamen ilham yolu ile aktardığı onun sözleri, ifadeleri ile dopdoluydu. Çünkü kendi yazdığı eserleri günümüze kadar ulaşmamış bir sufidir. Kaynak eseri ise neredeyse hiç yok. Rüyalarımda Hallac'ı Mansur'u görüyordum. Bir de İslâm Peygamberi, Hz. Muhammed'in sesini işitmiştim. Bu bana yazmam için muhteşem bir kaynak sağlamıştı. Benim için tüm alıntılardan öte bir kaynaktı ve ruhumdan ne geldiyse, kaleme alındı. Vakit buldukça dağlara tırmanıyor Aşkı arıyordum. Çünkü Aşkı, en iyi anlatan idi Hallac ve onun aşkını nasıl anlatabilirdim, kelimelere dökebilir tanımlayabilirdim. Karşılaşmalar!. Ağaçların arkasında gizlenmişler, önüme çıkıp bana aşkı gönlümde bulabileceğimi ve Hallac'ı Mansur'un her öten kuştan sesleneceğini işared ettiler. Ve doğayı dinlememi emir buyurdular. Öyle yaptım. Her yerden seslenene kulak verdim.

Bir konuda çok zorlandığım yerde ise, görüntü olarak gördüm. Muazzam bir dönüş, tüm evren gözümün önünde dönüyordu. Tek bir noktadan saçaklanan AŞK'ı gördüm. Aşk ile tüm Âlemler yaratılıyor ve Âlemlere bir bir varlıklar, can olarak yayılıyordu. Tam gözümün önünde! Yaklaşık üç saat boyunca görüntüyü izleyerek yazıyı yazmışım, yüze yakın sayfa. Görüntü kaybolup kendime geldiğimde, oturduğum yerde dizlerimin üzerinde olan lap topu fırlatıp attım yan tarafa. Çünkü her yerim tutulmuş sadece parmaklarım işlevini yitirmemişti.

Hallac-ı Mansur'un varlıksal enerjisi muazzamdı. Tüm varlığıma yerleşmişti sanki. Çok sonra öğrendim ki, Hallac ile karşılaşmayan, onun hakkında hiçbir şey yazamazmış. Sanırım şanslılardan biriydim çünkü en başta, rüyamda kendisi bana "yazabilirsin" iznini vermişti. Bu benim sonsuz yaşamlarımın bir anında, bahşedilmiş güzel bir lütuftu. Muhammed Nebi'min sesi ise billur akan cennet ırmaklarından seslenişti ve kıymet doluydu. Kitap bittikten yayınevine teslim edildikten sonra, uzun bir süre daha Hallac-ı Mansur'un o muhteşem enerjisi ile dopdolu kaldım. Sonra yavaş yavaş bedenimi, ruhumu, rüyalarımı terk etmeye ve çekilmeye başladı. Her gün biraz daha çekildi. Sonra beni yine kendim ile baş başa bıraktı. Halen daha özlüyorum. Bana verdiği o muazzam Aşk enerjisi tarif edilemez bir duygu. Bulunduğu kıymetli makamından uzayarak, geliş-gidişleri için sonsuz şükran duyuyorum.

2012 Ocak ayında piyasaya çıkan, Işık Eri Hacı Bektaş Veli'yi yazmak benim için lütufların en güzeliydi. Baba dedem, vakti zamanında, yani henüz annem dahi Dünyaya gelmeden önce vasiyet etmiş. Kendi yazdığı özlü sözler, akışlar odun ateşlerinde sakıncalı bulunup yakıldığı için ahdetmiş ve torunlarımdan biri bu sözleri tekrar kaleme alacak vasiyetinde bulunmuş. Sanırım piyango 60 küsür yıl sonra bana vurdu. Ve onun yakılıp yok edildiği her şeyi sezgisel yolla bir bir alıp kaleme döktüm. Dedemin vasiyeti üzerine neredeyse yüz yıllık bir tarihi olan, Hacı Bektaş'ın incecik ve yıpranmış kitabı amcamlar vasıtasıyla, vasiyet üzerine bana nakledildi. O kitabı okudum ve ruhumda ne aksettiyse, Işık Eri kitabını kaleme aldım. Yaklaşık 20 gün sürdü. Tıkandığım bir yerde, ilerleyemiyor, batini tarafını bir türlü anlayamıyordum. Bir gece, ansızın rüyamdan uyandım ve tam karşımda, odanın tavanından süzülerek gelen neredeyse oda büyüklüğünde beyaz bir güvercini gördüm. Beynimde yankısını işittim "Güvercin donunda geldim sana". Kitabın en can alıcı bölümlerini yazarken, odadan saatlerce çıkmıyordum. Fakat ailem beni sürekli evde dolaşırken görüyorlarmış. Bu da, bu kitabın en harika deneyimlerinden biri oldu.

2013 Temmuz ayında piyasaya çıkan, Arif İçin Din Yoktur kitabı için Muhyiddin İbn-i Arabi'nin vefat ettiği yeri ve bulunduğu türbeyi ziyaret etmek istedim. Her şey hazırdı, Plânlar yapılmıştı ki, Suriye ülkesinde savaş başladı. Buna rağmen gitmeyi aklıma fikrime ve ruhuma yerleştirmiştim. Sınıra kadar gittim fakat geçmeme izin verilmedi. Geceler boyunca, Şam yöresine gitmek, Arabi'nin türbesini ziyaret etmek için yanıp tutuştum. Öyle bir hal almıştı ki, artık rüyalarımda her gece, oraya gidiyor ziyaret ediyordum. Sonradan anladım ki, bu Dünyada zahiren yapamadığın her şeyi batini olarak yapabilirsin. Yani görünende yol alamıyor ve engeller önüne konuyorsa, sen ruhunla istediğin her yere yolculuk yapabilirsin. Zira, ruhun yolculuğuna hangi şaşkın engel koyabilir ki.

Arabi felsefesi oldukça ağır bir konuydu. Yazmakta çok güçlük çektim. Hele onun Varlık Yokluk kavramını anlamak, sonra da Dünyasal kelimelere dökmek öylesine güçtü ki. Fakat bana bu konuda yardımcı olan, bahçemizin üç ağacı oldu. Ağaçlar bana Arabi'nin felsefesini olduğu gibi anlattılar ve hatta görüntü olarak gözümün önünde canlandırdılar, gördüğüm her şeyi, kelimelere döktüm ve kitaba konu ettim.

Arif için Din Yoktur kitabı yaklaşık yirmi günde yazıldı. Yirmi gün yaşadığım hiçbir anı unutamayacağım. Yemeden içmeden kesilmiş, gecem gündüzüme karışmıştı. Gündüzleri işe gidiyor, geceleri ve hafta sonları kitap ile baş başa kalıyordum. Zamanımın çoğunu uyuyarak, Arabi'nin ruhu ile konuşarak ve beni gezdirdiği diyar diyar yerleri gözlemleyerek geçiriyor, uyanıp her birini en ince ayrıntısına kadar yazıyordum. Bir gün, gündüz vakti idi ve hafta sonu idi. Yine rüyada seyr halinde iken deprem oldu, oturduğum koltuk birden havalandı ve şiddetle yere düştü. Savruldum ve kalbim neredeyse duracaktı. Koşarak odadan dışarı çıktım ve deprem oluyor diye çığlıklar atıyordum. Ailem bana şaşırmış gibi bakıyorlardı. Onlara göre hiçbir şey olmamıştı, deprem yoktu. Bense sakinleşmek için epeyce uzun süre soluklandım. Ve kitaba kaldığım yerden devam ettim. Arif için Din Yoktur kitabı 2017 yılının son aylarında İngilizceye çevrildi ve tüm dünyada yayınlandı. "Ibn 'Arabi, The Enlightened are not bound by religion" ismi ile dünyanın her yerinden okuyucusu ile buluştu.

Muhyiddin Arabi felsefesinin ağırlığını üzerimden atmak için uzun süre dinlenmeye çekildim. Çünkü sırada, kendi zamanından bizim zamanımıza akmak isteyen, halk arasında ismi Yunus Emre olarak anılan bir derviş sufi vardı. Rüyamdaki bana ifade ettiği isim ise Tapduklu'nun Yunus'u olmuştu. Kalbimden ve gönlümden geçen, ilham ile de ona Yunus'ca ismini verdim ve Yunus'ca olarak ifade ettim.

2014 Ocak ayında Yunus'ca kitabı, piyasaya sunuldu. Uzunca yani bir yıl kadar bir süre dinlenme sürecinden sonra yaklaşık 10 günde, Aşka Vardıktan Sonra Kanadı Kim Arar kitabı yazıldı. Yunus Emre'yi anlamak, diğer Sufileri anlamaktan daha zordu. Çünkü analitik ve kaotik işleyen zihnim, zor olanı çarçabuk kavrayabiliyordu. Fakat Yunus Emre felsefesi oldukça basid ve sade idi. Anlayamadığım noktalar çok olmuştu. Ve en sonunda rüyalarıma gelen Tapduklu'nun Yunus'u bana BEZ ifadesini işared etti ve o şifreden yola çıkarak kitabın neredeyse tamamı yazılmış oldu. Kitabın bir bölümünde, çok önemli bir yer vardı ve o bölümün kitaba dâhil olup olmaması konusunda oldukça endişeliydim. Çok uzun süre, günlerce işared bekledim. Olmayınca, yardım diledim. Bir Eylül akşamüstü, hava henüz kararmamıştı. Balkona oturdum ve bir mucize gerçekleşmesi için dua ettim. Ve sorumu sordum. *"O bölümü kitaba koyacağım ve bu yönde olumlu dileğim var"* diye içimden ve aynı zamanda yüksek sesle dile getirdim. Dağlara yakın ve bana uzak olan bir mesafede sıra ile uçan kuşlar gördüm. Öyle muntazam uçuyorlardı ki, hayran kaldım. Sonra o kuşlar kilometrelerce uzaktan gelip, benim oturduğum balkonun tam önünden serenat yaparak geçip gittiler. Beklediğim mucize gerçekleşmişti. Ve endişelerim de, kuşların kanatlarına bir bir sıralanıp uçup gitti. Böylece, tamamen bir ilham kitabı olan Yunus'ca, kaleme alındı, okuyucularla buluştu.

Bir sonraki kitap için hazırlanıyordum. Kalbimde Ferîdüddin Attâr vardı. Fakat "13.yüzyıla ait olmasın bu seferki kitap" dedim kalbimden ve bir liste yaptım. Liste, daha eski yüzyıllara ait Velilerin isimleri ile doluydu. Sonra kalbime gelen bir his ile yine o yüzyıl sufisi olmalıydı dedim.

İlhamımın üzerinden birkaç gün geçmişti ki, evimizin, kendime ait odasının penceresine kumrular yuva yaptılar. İki yumurta ile ilk kuşlar serüvenim başlamış oldu. O evde beş senedir oturuyorduk ve şimdiye kadar hiçbir kuş yuvalamamıştı. Hem de penceremizin en çok açılır kapanır olan bölümüne. Artık o pencere içi, bize aid değil, kuşların konakladığı ve yumurtalarını özgürce bıraktıkları bir yuva haline dönüşmüş oldu. Her seferinde yumurtadan yavru kuşlar çıkıyor, özgürce gökyüzüne uçuyor, yeni anne-baba kumru geliyor ve yine yumurtalarımız oluyordu. Bu tam altı ay kadar sürdü. Yani kitabın yazım aşaması bitene kadar devam etti.

Kuşlar bana ilham olmuştu. Her guuuguk sesleri bir sembol ifade ediyor, sanki konuşuyorlardı. Gece boyunca, gündüz daima sesleri evin içinde, beynimin her köşesinde yankılanıyordu. Artık bana ne anlatmak istediklerini kolayca anlayabilir hale gelmiştim sanki. Yumurtadan çıkan her bir yavru kuşun kanatlarına Aşkı ve Sevgiyi koyarak gökyüzüne saldım. Aşkı ve Sevgiyi arayanlara bir nebze ilham olması dileği ile uçurdum onları bir bir.

Kuşlar kitabında İlmi Ledün bilgileri konması gerekiyordu. Ziyaret ettiğim dağ köylerinden birinde rastladığım, okuma yazması olmayan, hayatında hiç kitap okumamış, neredeyse yüz yaşında olan Nimet nine, bana kuşları ve Ledün İlmi bilgilerini içeren sembolik ifadeleri aktardı. Uzak olduğu için, kendisine, her zaman ulaşamadığım zamanlarda da notlar aldırarak, bana iletilmesini sağladı. Ve notları aktarması bitince, hastalandı, hastaneye yatırıldı ve çok geçmeden de vefat etti. Şimdi sizler, bu kitabı alıp Nimet ninenin ismini okuyarak, gönüllerinizde onu ölümsüzleştiriyorsunuz. Sonsuz yolculuğunda yolun açık ve ışıklı olsun Nimet nine.

Her yazdığım kitabın öncesinde yaşadığım bu sırlı olaylar bana kitapları yazmam konusunda oldukça yardımcı oldu. Sadece, şu an okuduğunuz kitaptaki en zor bölüm olan İlm-ü Ledün bilgisini de yine yaşayarak öğrendim. Sadece şunu söylemek istiyorum ki "görünen hiçbir şey göründüğü gibi değildir ve benim içinde bulunduğum yaşadığım, bana göre normal yaşamım, başkaları için muazzam bir mucizelik taşıyabilir". Aslında mucize yoktur. Herkesin kendine ait bir yaşamı vardır ve herkes kendi Dünyasındaki o mozaik içerisinde varlığını sürdürür.

*"Yaşadığımız zamanlar gibi bir zaman asla olmadı."*

Dünya bu kadar çeşitlilik hiç görmedi. Bu gezegen dönüşünü hızlandırdı. İşte bu bir realitedir.

Gittikçe olayların ve varlık çeşitliliğinin büyük bir yoğunluğu yaşanıyor. Bu kadar kalabalık içinde bizler cılız bir feryat çıkardık. Ama gördük ki bu dahi duyuldu. Ve arayıcılar, aradıklarını buldular. Bunların sayısı az olabilir. Ama manâsı çok Yüce'dir.

Yola düşen ve yoldaş olanın bir sedası, Âlemlerin yönünü bile değiştirebilir. Yeter ki imanı, tam ola.

Bu kitap Hayy kitabı. En başından beri, "kuşlar" lakabını verdim, öyle niyetliydim. Fakat kitap başlı başına Ledün İlmi, Gayb Âlemi üzerine kaleme alındı.

# RAYİHA

Tam da, kendimce isim verdiğim kuşlar kitabını kaleme almak üzereyim, bir duygu seli kapladı ruhumu ve bedenimi. Sanki ele geçirdi. Artık balkona çıkıp nefes alma çabası da nafile. Nefesim daraldı, kalbim kuş gibi çırpındı durdu. Öyle bir derine çekiliş ve "al beni yanına" sözleri sökülürcesine çıktı zihnimden. Gördüm, ellerini açmış beni bekliyor, bedenimi yaratan ve ruhumu bana yüce lütfu ile bahşeden Rabbim. Sevgiliye olan özlem giderek kaplıyor, kapsıyor. Çekiliyorum hızla. Ne Dünyasal arzular, istekler, ne de Dünyayla olan bağlantım tamamıyla koptu kopmak üzere. "Daha ne var ki oyalıyorsun buralarda, geliyorum, al beni yanına" sözlerinden başka hiçbir şey kalmıyor etrafta.

*Enginlere açılsak kuş olsak uçsak*
*Semalarda dönsek*

*Seyreylesek Âlemi bir ışık parçacığından*
*Gezsek tüm kâinatı*
*Alabildiğine özgürce*
*Sonsuz yaratıcının şaheserine bu gözle değil de. Aşk gözüyle*
*baksak*
*Doya doya dolansak sarmaş dolaş olsak An'larda. Zamansız-*
*lığın en zamansızlığında, zamanın sahibiyle bir olsak.*
*Hiçlikte yol alsak dur durak olmadan aksak aksak aksak.*
*Fırlasak bi Arşa, bir Arza*
*Hızdan başımız hiç dönmese,*
*Baş mı var ki dönecek.*
*Ben mi kalmış hissedecek.*
*Sadece sonsuz huzur. Aşkın kollarında erisek, hiç yorulmasak.*

Bilmenin ne olduğunu dahi bilmeyecek bir haldeyim. Ah
ne haldeyim bilmiyorum. Gördüğüm sadece, Büyük sanatçının
eserini seyrettiğim. Ne muazzam bir kâinat, alabildiğine özgür
ve dingin. Orada var olmak ve yok olmak öyle muhteşem ki.
Dönemiyorum, şiddetli çekim yavaşlıyor, azalıyor. Akıl geride
beden mandalına basmış olmalı ki, çekiliyorum Dünyaya.

Ara ara yokluyor işte bu Aşk denilen kutsal ateş. Eğer daimi
olsa idi bir anda büyük bir parlama ile yok olurdu galiba bu be-
den. 'Bi geliyo, bi çekiliyo. Bi huzur veriyo, bazen neşe, bazen
de kedere boğuyo'. Hem de ne keder, nefessiz bırakan.

Aklım gözlemliyor bu durumu ve şaşkın, oldukça şaşkın ve
bunları o yazıyor. Akıl gitse bir an, kaybolacak bu Kevser.

Kevser ne hallerde bir bilsen. Akıl olmasa birden kaybola-
cak. Kaybolacak. Biraz akla tutunuyor da nefes alıyor. Bu sefer
daha uzun sürdü. Hem de çok uzun. Sınıra tam ulaşmışken,
başımı bir el tuttu. İlk defa hayatımda, manâdan fiziğe bu ka-
dar net hissettim o eli. İlk defa. Sonra da bitti.

Annem sesleniyor, *"Koş gel yavru kuşlar yumurtadan çıkıyor."*
Az evvel, bütün ile bütün olmuş o insan kaybolmuş, beşeri kimliğime bürünüyorum birden. Evet, bu bedenim daha neler görecek, neler yaşayacak, bir manâ Âleminde bir madde Âleminde gidip geliyorum. Bu hıza hangi fiziki kudret erişebilir bilmiyorum.

Odamın penceresine yöneliyorum. Kuşların yuvasında alıyorum soluğu. İki yumurtamızdan biri çatlamış, kuş yavrusu yumurtadan çıkmış. Diğeri de kıpır kıpır, yumurtadan çıkmak üzere. Büyüleyici bir mucizeye şahidlik ediyoruz.

Ve zihnim, zihin üstüne çıkarak yeni seferler etme haline bürünüyor, çekim gücü oldukça kuvvetli. Etrafımı sözcükler sarıyor, madde Âleminden manâ Âlemine dalacağım anlaşılan, kelime bütünlüğünden birini avlıyorum, tutunuyorum ona sımsıkı.

Her yeni doğum, O'nun bizden ümidi kesmediğinin bir işareti. Ve "arife işaret gerektir" sözünü hatırlıyorum. İşaretler!

Koltuğa oturuyorum, kitabı açıyorum, ilk gözüme ilişen sayfada "Manâ örter yüzünü" yazıyor.

O vakit düşünüyorum, "Hakk'ın nazargâhında bir "gören"i miyim? Yoksa gönlüme mihman eyleyen miydi O?

Ne fark eder ki, Sonsuz olanın sonsuzluğunda bir zerrecik için. Derin bir tefekkür halinde iken, uykuya dalıyorum. Ve yine O, beni çocukluğumdan beri bırakmayan "mavi gözlerin sahibi". Gülümseyerek bana yöneliyor.

Yüzüme bakıyor *"Ne kadar güzelsin"* diyor. Gülümsüyorum. *"Kim bilir, hakikatin de ne kadar güzeldir?"*

İşte kafamdan aşağı binlerce kova kaynar suyun dökülmesine sebep olan sözcükler. "Ne yani, ben yalanım da, bir gerçekliğim daha mı var?"dı.

Neş'esi bol, kahkahası geriden hissedilen bir eda ile *"Üst koridordaki manâ yüzün kim bilir ne kadar güzel ve daha üst koridordaki güzelliğin ve daha üst, daha üst, O'na kadar ulaşan İlâhî bir silsile bu katmanlar. O, kendi Zat'ı yani vücudu diri olandır, kıyas edilemezdir. Dirilik, sana kadar gelen katmanlarda azalır azalır ve buna rağmen sen, O'nun diriliğinden Hayy! Yani hayat bulursun. Bir nevi beslenirsin. O'nun Zat'ı ve senin mevcudiyetin bitişiktir. O kendi Zat'ı, kendi Nefsi, Kendi başınalığı ile varlığını sürdürür, sen O'nun varlığı ile hayat bulursun."*

"Kim bilir'in manâsı senin için, lafta olan, üstü örtülmüş bir kavram olmalı. Zira biliyor olmandan, hiç şüphem yok. Peki özgürlük bunun neresinde, biz köleler değiliz, değil mi?"

*"O, kendinden olanı köleleştirmeyecek kadar erdem sahibidir. Özgürlük, senin seçimlerinde ve özgür iradende. Bu İlâhî seçim ve İlâhî özgürlüktür. Bu da katmanlar arasına yerleştirilmiş cevherin nurları. O nurlar ki, devamlı çakan kıvılcımlar gibi. O kıvılcımların her zaman harekette olması bizlerin özgür seçim yapabilmemiz için onu Hayy enerjisinden daha çok talep etme hakkımız olduğunu gösterir. Ateş devamlı harlanmalı ve aşka yani ona olan talep sürekli olmalıdır. İşte kıvılcımlar devamlı olması demek ancak içimizdeki aşkla mümkündür. Senin bir bedenli formunda olan talebin, aşk arzunda senin kıvılcımlarını çaktı ve devamlılığını sağladı. Yani sen aşka mecburdun. Tüm insanların mecbur olduğu gibi. Başka türlü olamazdı."*

"Çok büyüleyici. Beyin sarsıntısı geçiriyorum sanki."

*"Şu an bir beynin içinde değilsin."*

"Nutkum tutuldu"

"Her katmanda, o koridorun icaplarına göre etkenler, senin özgür seçimlerini organize eder ve sana kılavuzdurlar. O'nun sesi mesafesiz olarak her yerden duyulur, sonsuzluğa yankılanır. Tüm atomlar, yıldızlar, güneş sistemleri, gezegenler, o gezegenlerde var olan tüm canlılar, cansızlar duyar. İnsandaki haline, vahiy – ilham diyorsunuz, daha anlaşılır olması için iç sesi, ilham, sezgi, hissetme, güçlü tahminler, öngörüler, fikirler, vicdan sesi diyelim."

"Bu işleyişi daim kılan, aksamamasını sağlayan, organize eden orduları düşünemiyorum bile Gaybın orduları. Hepsi de insana hizmet ediyor ve dolayısıyla O'na.

*"Kibirlenme hemen"*

"Böyle muazzam bir akış halinde işleyişi olan kâinat karşısında, ben mi kaldı benden". "Oysaki kibrin doruklarını yaşıyorum, ben yazdım, ben yaptım, ben keşf ettim, ben ben ben, binlerce ben. Bir saniyelik tabi bu. Sonra "uslu ol bakayım, söz dinle, efendi değilsin, gölgesi dev, cürmü küçük olan parçam."

*"Küçük parçam mı? Biliyorsun ki, Kibir O'nun isim ve sıfatlarındandır, Sana daima özgür kimliğini hatırlatan. Ve aynı anda, O'dan ayrı olmadığını da kanıtlayan. Kibirlenerek kendini ayırırsın, o anlayışta uyanırsan ve kibirlendiğini fark edersen ayrı olmadığını hatta bitişik olduğunu idrak edersin. İnsan Zat'ı O'nun Zat'ına bitişiktir, isim ve sıfatlarına değil. İsim ve sıfatlar sadece misafirdir, insanı insan yapan, yani varlığı varlık yapan"*

"Kibir, hizmeti büyük bir cevher o halde."

*"Azazel alim bir görevli iken, kibir bilgisinde uyanamadığı, kibirden azad olamadığı ve manâsını çözemediği için yalın ateşe dönen bir iblis oldu, zira kibrin yakıcılığı da hapis eden bir dönüştürücüdür." "Her bir katmandaki manâ yüzünü görebilseydin, ne kibir kalırdı, ne de ben diyen ben. Oluverirdi her şey "sen". Sonra deyiverirdin hemen, her şey O"*

"Yani her şey O deyince, oluyor mu?"

*"Armut deyince, armutun vitaminini bedenine alabildin mi?"*

"Hayır"

*"O halde, hazmetmen ve sindirmen gerek. Bunun için önce meyvenin tadına bakman icap eder, aynı ölümün tadına baktığın gibi. İnsan ölümü tadıcıdır biliyorsun, sindirebilmiş mi, hazmedebilmiş mi bu önemli. Edememişse sürekli tadıcıdır. Hazmettiği anda, ölüm tadıcılık manâsından çıkar, "ihtiyaç" gerektirmeyen bir manâya bürünür ve hazmedilmiş bir bilgi, sindirilmiş bir erdem olur".*

"İnsanın yüzyıllardır aradığı ölümsüzlüğün formülü bu olmalı"

*"İşte bu büyük iş'dir. İlâhî İnşa'lar yapan iş. Tuğlası Aşk olan, harcı Sevgi ile karılmış. Hayatlar kurtaran bir iş. Buralardan gelip geçmemiz asla boş değildi. İçimize düşen bu beraberlik arzusu da bu gerçeğin bir kanıtı. Dikkat edersen, bilgilerin açılımı, yine başka bir bilginin içinden gelip göz kırpıyor."*

"Her şeyi sindirmeye çabalıyorum."

*"Güzel olan bir yüreğin, kalemi de güzel olur, düşünceleri de. Ki bu kişinin sanatıdır. Bu size verilen bir görev olduğunu sana hatırlatmıyor mu? Bunca güzelliği bir güzelin elinden vermek. Ama bu güzel geçici olan güzelliği ile bunu açmadı. O'nun yüzünü gören sözünü de anlasın diye, güzellikleri yaratana yaklaşsın diye."*

"Olanların, İlâhî bir Plân dahilinde bir İŞ olduğu Hakikatini öğreniyorum. O Irmakta yüzüyorum,. Hakikat ırmağında. Boğulmadan. Hakikat Denizine dökülen o ırmak.

*"Onun için önce sindirim, sonra da ifşa gelir. Açığa vurma. İçinden dışarı doğru. Bir doğum gibi düşün. Ama bir bebek doğumu gibi değil. Sen kendini doğuruyorsun. Hakikate doğmak. Yani kendi hakikatine."*

"Bu cümleler eskidi, artık yeni bir şeyler söylesek"

*"Bu koridorda cümleler, senin koridorundaki cümlelerden eskidir evet. Senin tasavvurlarına ya da beklediğine benzemeyen bazı yeni açılımlar yapabilecek şeyler olsun. Artık alışıla gelmiş ve laf*

*gelişi söylediğimiz bazı kavramların yeni versiyonlarını dile getirme zamanı"*

"Perdeler, perdeler. Ne senden konuşan. Ne benden dinleyen. Açılsa o perdeler. Baş gözü ile görmeye dayanabilecek kudrette miyiz acaba bu bedende. İşte sanırım bu yüzden perdeli."

*"İşte Ledün İlmi. Perdesizlikte tokalaşır TEK olanlar. Perde önünde birer irade sahibi oluverirler. Ve birbirlerinden de habersiz değiller aslında. İçsel olarak bilirler birbirlerinin kadrini. Zihnen ise. Kabul etmekteler isimleri. Sen kendi ismin ile Ben kendi ismim ile. Ya da ne isim verirsen ver ona.*

"Ledün İlmi"

*"Evet. Ölümsüzlük. Hiç doğmayan ve asla Ölmeyenler. Sen ve eskiler, buna Arif demişler. Bilge diyelim olmaz mı. Onlardan biri ile tanışmaya hazır mısın artık?"*

"Soru âdetten olmalı. Biliyor olmalıydın. Daimi hazırım"

*"O halde haydi. Kokuyu takip et"*

"Koku mu? Sanırım bambaşka olan yeni bir maceraya doğru gidişat var".

Her şey değişiyor, mekân ve zaman kavramı kendini yitiriyor sanki. Mis amber kokularının deryasında yüzüyorum adeta.

*"Selam güzel çocuk, hoş geldin"*

"Kim konuşuyor?"

*"Kokular sana kılavuz, haydi bul"*

"Hiçbiri tanıdık değil, hiç böyle muazzam kokulara şahidlik etmemiştim."

Tüm kokular birleşiyor sanki, cılız bir silüet gibi tam karşımda, Lâkin her bir kokunun bir rengi var, daha önce hiç görmediğim renkler. Asal renkler, Asal kokular ile bütün halde. Dans ediyorlar, İlâhî bir müzik eşliğinde.

*"Devinim durmaz, dans eder, bu yüzden ölümsüz!. Müzik gıdası, renk canı, koku da cezp edeni"* "Koku çağırır seni, seyr eder, gezersin tüm Âlemi. Zira Hakkın vücud kokusundan gayrı, yoktur bu Âlemde başka tad, başka koku." "Ne kadar basid ve sade bir işleyiş. Muazzam girift kombinasyonlar zannetmek ise bir yanılgıymış, Mekanizmayı anlaşılmaz kılan".

"Niye göremiyorum ki seni"

*"Ruhunla göremedikçe, baş gözün ile gördüklerine dayanamazsın da ondan. Dünya gözünden geç, gönül gözünle gör"*

İşte tam karşımda! Ama kim bu? Ve ismi nedir?

*"İsimler, varlık bulmak içindir, yoksa tüm isimler O'nda meskun ve saklı"*

Dalgalanıyor, dalgalandıkça müziğin sesi duyuluyor, o müzikle dans ediyor, mis kokular saçan renk cümbüşü. Binlerce zerreye akıyor, karışıyor, tınısını, rengini, kokusunu zerk ediyor. Lâkin hiçbirine bağlanmadan yol alıyor. Böyle muazzam bir bütünlükte her birini ayırd ediyor olabilmek nasıl bir şey.

*"En büyük erdem, O'nun, her zerrenin iradesini, özgür kılması"*

"Bu yüzden hiçbir şey hiçbir şey ile karışmaz, ancak kavuşur. İç içe geçmez, ancak bitişir, sarılır sarmalanır sonra yine yoluna devam eder." Ne muazzam!. Kayboluyorum eriyorum sanki kokular arasında, renklerin albenisinde, müziğin doyumsuz dalgasında dalgalanıyorum.

*"Gitme vakti! Seni cezp eden kokunu bul! Takip et, yolunu bul güzel çocuk. Kim olduğumu bilmek istemiştin. Gördüğün, aslında Sen'sin."*

Bana kılavuz olacak koku ne idi? Bunca koku arasında büyülenmişken. Yaradan'a kavuşmak için O'nun kokusuna yol almıyor muyduk? Dünyaya doğmak için, Dünya kokusuna cezp olmuyor muyduk?

Eşyadaki hiçbir koku bizi tatmin edemediği için, hep O'nun katındaki anavatan kokusu için yanıp tutuşmuyor muyduk, özlem ve hasredle Hakk kokusunu aramıyor muyduk? Ölüm adı verilen geçiş kapısından geçiren, yine O'na yönelten Yaradan'ın Eşsiz Kokusu değil miydi?

Peki şimdi, bulunduğum yerden beni, Dünyaya götürecek o sırlanmış koku neydi? Sonsuz kokuların içinde yakaladığım annemin kokusu beni kendime getirdi, takip ettim, sonra da çocuklarımın kokusunu hissettim. İşte, ben olmaktan azad olmuş beni, yuvama götüren rehber koku.

Çok şükür yine onların yanındayım. Kendim ile karşılaşmamın mucizevi kıvılcımları ile olduğum yerdeyim şimdi!. Yani Dünyada.

# LEDÜN İLMİ HAYY

# KENDİNDE ÖĞRETİM

Bu metni kaleme alırken, kurban bayramıydı. El öpmeye gelen çocukları karşılıyorum her kapı zili çaldığında. Sonra yazıya devam.

El öpmek. El kutsaldır. Hani Kur'an ayetinde bahsi geçer, "iki eli ile yarattığı". El ne idi? El Aşk idi. El vermeler, El öpmeler, Elden Ele. Güzel bir gelenek ve eskide kaldı. Artık Gözler gözlere sıcak baksın yeterlidir. Ve gözler gözlere sıcak baktı, bakıyor ve bakacaktır daima.

Özgürleşmek. İnandığın her ne varsa terk etmek. Nasıl bir terk bu?

İnandığın ve zihninde Tanrı haline getirdiğin "şey"ler bütünü. Bir kalıp. Bir gün o tanrıların dile gelse ve *"biz böyle dilememiştik, bizi Tanrısallaştırmanı istememiştik"* deyiverseler. O zaman şaşkınlıktan hayrete düşecektir insan. Terk etmenin dahi manâsını idrak edip, onun da ötesine geçebilmek. El-Emin olabilmek. El-Emin yani sonsuz bir güven. Güven kelimesi dahi yetersiz bunu tanımlamaya. Emin olmak, İman etmek manâsı. İnsanın kalben ve ruhen "tamam" olması. Bir daha o hali, ne bir kimse, ne bir eşya yıkamayacak ve sarsamayacak olması. Sevmenin dahi tutsak ettiği yerlerden. Seni tutuklayan hangi sevgidir. Sevgi özgürleşmek ve özgürleştirmek ise. Seni ne tutsak edebilir ve sen neyi tutsaklaştırabilirsin. Ediyorsa onu Venhar etmeli, Terk etmeli. Kevser suresinde aktarıldığı şekli ile. **Biz sana Cennetini verdik, ama sen de kendinde olan ama sana ait olmayan her şeyden azad ol şimdi.** Tutkular ve arzular. Onlara dikkat et. Onları sevmiyorsun, onlar da seni sevmiyorlar zaten. Sen onlarla mutlu olduğunu sanıyorsun. Ama ne sen mutlusun onlarla, ne onlar seninle olmaktan hoşnutlar.

Biz sana Sonsuz Aşkı verdik. Haydi sen de, senin sonsuz aşk olmana engel olan her şeyden soyun şimdi. Önce inandıklarından, sonra sevdiğini sandığın her şeyden ve sonra da kendinden. Çünkü sen gördüğün sen değilsin. Sen sana ait değilsin. Evet, ustam tarafından sürekli söylenen yegâne cümle **"Sen sana ait olduğunu mu sanıyorsun?"**

Beşeriyet, beşer, cahiliye. Ancak başka canlıları fizikselde katlederek kendi günahlarından arınacağını zannediyor. Her akıttığı kan ile temizlendiğini sanır. Bu zanlar onların tanrılarıdır. Ve bu tanrıların hiçbiri onları Hakikatlerine, Sonsuzluğa ve Sonsuz Cennete ulaştıramayacak niteliktedir. Ama bu kitabı okuyanlar artık başka türlü bir bilgiyi almak için vakit ayırmaktalar. Bu cümleler, her biri bir enerji taşıyor ve beyniniz içindeki zihine, oradan ruhunuza ulaşabilir. Birer harekettir. Uyaran bir hareket. Yeni bir tabir ile her biri birer Kıvılcım. Fakat biz, uyarmak için değil, uyarılan kalplerini Aşk ve Sevgi ile doldurmak ve o naif, güzel, hoş enerjiyi verebilmek için buradayız. Bizim işimiz uyarmak değil, açılan boşlukları Aşk ile doldurmaktır. Çünkü uyarı dıştan geldiği şekli ile bir deprem yaratıyorsa, asıl hareket içerde yani zihinde oluşmuştur. Ve artık yıkılan tüm inanç ve değerler yerini Aşk ile inşa edilen sevgiye bırakır. Ve kendi kendini eğitir olursun. Sürekli meşgul olan zihnini ferahlattığın ve sadeleştirdiğin anda, sana şah damarından daha yakın olan Rabbinin nurunu alır ve kulağında Onun sesini işitir olursun. İşte bu kendi kendine eğitselliktir. Sana ait olanlar aslında sana ait değildir, sen onları bir çanta gibi, bir kambur gibi taşıyordun. Onları olmaları gereken yere bıraktığında, artık rahatsındır, hafifledin ve bir radyo gibi alıcı hale geldin. Radyo sensin ve frekansını İlâhî Plâna ayarladın. Bundan sonra **"kendi kendine öğretim"** zamanı başlıyor. Eskiler buna "Ledün İlmi" ismini vermişlerdi. Şimdi ise **"Kendinde Öğretim"** ya da **"Kendine Öğretim"** diyelim.

Hep bilinen bir konu idi bu çağlar boyunca. Öğreten bir Rabb sistemi ve Öğrenen insan. Böyle miydi gerçekten? Öğretmek-Öğrenmektir. Ama neyi? İşte biz bunun peşindeyiz ve bu kitap bunun için yazıldı. Öğrenirken öğreten bir sistem. En önemlisi de, kim kime öğretiyor? Ve neyi öğretiyor? Bunca olagelen neyi öğretmek için? Asıl sır olan, perdelenen hakikat. Varoluşu öğrenmek. Nasıl olduğunu öğrenmek ve gelişim. Bu kadar basid miydi bu konu? Hakikati ne olmalıydı?

**"Kendi Sonsuzluğunun Sınırına varmaya çalışan bir Yaradan. Her seferinde O sınıra yaklaştıkça önünde açılan bir Varoluş. Kendi Sınırsızlığını öğrenmeye çalışan bir Yaradan. Kendi sınırsızlığını görme isteği. Yaradan Kendi Nefsini Terbiye Ediyor. Terbiye etmek. Bu bile eskide kalmış bir bilgi. Terbiye etmek değil, Telbiye denmeli artık günümüzde bu sisteme. Telbiye sistemi. Kendi Kendine Amade olmak. Ve insan da buna bir sürü isimler takıyor. Oysa Yaradan bunların çok dışında bir isme sahipken. O her zaman Amade'dir. Kendinden Kendine Amade."**

Sen bir Zarf idin, Yaradan'ın sana gönderdiği "sen" zarfı. Şimdi o zarfı açtın. Hem de yırtarak. Zarf da güzeldi evet, hem de ne güzeldi, rahattı. Ama sonra rehavete dönüştü, aslından uzaklaştı, tembellik oldu. Şimdi senden sana olan bir öğreti içindesin artık. İşitiyorsun o sesi. Nasıl olacak deme. Olacak. Az biraz zihin dışına çıkıp meşguliyetlerini azaltırsan mutlaka o sesi işitiyorsun. İçe doğuşlarla bir bütünsün artık. Senden sana olan içe doğuşlar. İşte buna Vahyi - İlham dendi bugüne kadar. İçe doğuş. His. Rüya. İlham. Sezgi. Vicdan. O zarfın mührünü kırdığın, kilidini açtığın vakit, artık zarfın içinde ne var ne yok senindir. İşte gerçek sahip olduklarım. Bunlara ancak sahip olduğunu zannettiğin şeyleri bıraktığında kavuşacaktın. Maden nasıl derinleri kazılarak ulaşılan bir yerdi, sen de kendi derinlerini kazarak ulaştın o madene. Senin madenine. Sendin bir maden. Maden Sendedir ve Sensin bir Maden. İşte, çağlar boyu ulaşılmak istenen Ledün İlmi. Gizli İlimler. Gayb İlmi. Kuşların İlmi. Hep kitaplarda arandı, ama Sen'de bulundu. "Kendinde Öğretimdir" Ledün İlmi. Kendine Öğretmek. El'ci, yani Elçi kimdi o vakit? Dil idi önce senin elçin, sonra kalbin bekçisiydi. **Dil Elçidir, yürek bekçidir Hakikate.** Bekler durur zamanını, ne vakit sen baktığın ve duyduğun şeylere biraz ara verir de, gördüğün ve işittiğine kulak verirsen, işitici ve görücü olursan kendine. İşte Elçi de sensindir, Bekçi de.

Bu kitabın sayfalarında dolaşanlar ve bu satırları okuyanlar. Özü sevin, insanların özünü sevin ve onlardan yansıyan sözlerini sevin. Yüz, göz geçer ve insan özünden çağlayarak gelen o sonsuz Aşk Irmakları hiç tükenmez. İşte onları sevin. Seni dahi sana bırakmayanı sevin. Size sesleneni işitin ve sevin o sesi. O sesin nereden geldiğini az zaman sonra fısıldanacaktır size.

"Söylenecek ne var, nerede kaldı kaybolmuş kelimeler. Bulsa idim, deseydim diyeceğimi, ama yeter mi kayıpta durana, gaibde olana. Bildiğimi bilmez eyledim, bulduğumu da gizledim.

Ben beni bulmaya doğruyum, inan kendimi çok özledim. İzin ver akayım kendime. İzin ver. Çünkü Yaradan'ın bir Plânı var. Yeri gelince güneş gibi, yeri gelince su gibi nüfuz et. Sakın ateş gibi yakma, su gibi yıkma. Sen bu maddesel unsurların sevgi tarafı ol. Birleştirici ol, bir bütünleyici. Gönülleri bir eyle. Bir Elçi var ise, o da Aşk tır. **Olacaksan da, Aşk Elçisi ol.**"

Bizim tavrımız, itiraz üzerine değil, tavır bütünlük üzerinedir. Böyle olunca da gülüp geçiyorsun. Ona da bir gerek olmalı ki "o da var burada" diyorsun. Farklı olmak değil hüner, farklı olanlara saygı duymaktır. Farklılıktaki bütünü görebilmektir tüm hüner. Yolda yürüyen bir karıncanın ön bacaklarından biri olmasa idi ne fark ederdi dememek hüner. Gerçeğin, eğer o olmazsa idi sen ben hiçbir şey olmazdı gerçeğine ulaşabilmektir. Bu kadar ince Plânı olan bir Âlemde kendi değerini anlamak ve kendine saygı duymaktır maharet. Çünki sen olmasaydın hiçbir şey olmazdı. İşte bu kadar önemlidir yaratılanlar ya da ayan beyan edilenler. Sözler de o kadar önemlidir ki. Onlar da düşünceleri dönüştürürler ve değişimi başlatırlar. Şimdi, burada pişen kelimeleri zihnine ve oradan da kalbine alabildin. Sindirim zamanı. Aşka direnenler, aşkı içiciler olurlar. Olduğun gibi olamadığın müddetçe, sen asla kendin olamayacaksın.

Karşısında yürekten sarılan biri olmadıkça, gözler parıl parıl parlamadıkça insan kendisi olamayacaktır. Karşı diyoruz evet, ama karşı yoktur. Karşı sadece arşa taşıyıcıdır. Bizler, karşımızda olanı, yanımıza alanız, yanımızda olanı da canımıza katanız. Bizim karşımız yoktur, Arşa yolcumuz vardır. Sarılmak, öylesine aşkla olur ki, bunun şiddetinden bir de bakarsın, sarıldığın bünyende erimiş, öylesine ki, sardığın ellerin seni sarmıştır. Artık sen karşında olanı içinde eritmiş ve sen etmişsindir. Sarılmak bir İlâhî değerdir. Seni Yaratan da sana aynen böyle sarılmıştır. Artık sen ortada kalmamışsındır. Odur sadece ortada olan. Sadece O. İşte insan da, böyle sarılmalı ve sarmalanmalıdır. Nefesini kesene kadar sar karşında olanı. Ve sarıldığın her kim ise, her ne ise, sen oluversin. Hiç sana sarılanları görmüyor musun manâ erlerinden. Ledün İlmini merak ediyoruz ya, ulaşılmaz bir bilgi olarak düşlüyoruz ya, işte sırrı bu. Biz bize sürekli sarılan ve İlâhî elleri ile sarmalandığımız o muazzam enerjiyi fark edebiliyor muyuz? Patlayacak olduğumuz zamanlarda, işte öyle sarılıyorlar bize, nefessiz bırakıyorlar adeta. Ensede dolaşan manâ parmaklarını hissetmemek ne mümkündür. Alnından giren o nefesleri hissetmemek ne mümkündür.

Kudret sahibi, parmaklarını bir yüreğe uzatırsa, o yürek sahibi de diğer yüreklere uzatır ellerini. Ve emaneti verir ona lâyık olanlara. Elbette, yapı tamamlanıyor, İlâhî bir İştir bu. Zorlama olmadan ama zorluklar önüne konmadan da olmuyor. İşi uzatmadan kısaltmak evladır. Henüz kitap yazılırken, sizlerin okurkenki heyecanınızı hissediyorum ve bu durum, bu satırların yazılmasına sebebiyet oluşturuyor. Şimdi Ledün İlmi diyoruz ya, işte bir sır daha. Zaman ve mekânın olmadığı hakikati. Sizin her birinizin kalbindeki o hissediş, gelecek zamandan, bu kitabın yazılış zamanına doğru akıyor ve satırları çoğaltıyor. Yani kısaca, sizlerin her bir halet-i ruhîyesinden çıkan sesleniş ile beraber yazılıyor bu kitap. Ne kadar güzel bir titreşimler silsilesi, muazzam heyecanlar. Ve sizlerden yansıyanlar, kelâm olup dökülüyor bu satırlara. Ve her okuyan gönlün, hatırı var bu satırlarda. Dolayısıyla şükran duyuyorum.

Ledün İlmi. Çok fazlaca üzerinde durulamadı, çünkü bilinmeyeni, görünenlere anlatmak zordur. Ustalık gerektirir. Biraz da Heybetli bir konudur. Ürkülür. Gayb Âlemi ne de olsa. Görünmeyen Âlem. Görünmeyen deyince insanın aklına türlü türlü vesveseler gelir. Acaba denir, bilinmeyen ve görünmeyen olunca, nasıl olur bu iş? Aslında olur, pek de güzel olur. Görünmeyen Âlem diyoruz da, kalbimizden geçenleri de göremiyoruz. Daha bu yüzyılın öncesindeki çağlarda, anne karnında büyüyen bebeği de göremiyorduk ama biliyorduk. Toprağın altında gelişen tohumu da göremiyorduk ama biliyorduk. Okyanusların dibinde olan canlıları da göremiyorduk ama biliyorduk. Elektriği de göremiyorduk ama biliyorduk. Şimdi artık tespid de ediyoruz gelişmiş cihazlarla. Bizim de görevimiz bu. Görünmeyeni, kelimelere dökebilmek, az evvel de yazdığımız gibi, hep birlikte yazabilmek.

"Evet, birlikte, bizimle olanlarla birlikte değişecek, yukarı Plân beklemede şimdi. Bu bir son değil ki, Başlangıç. Doğan yeni güneşlere. Bizler onları doğuracağız şu köhnemiş Dünyanın bahtına. Her birimiz görevliyiz bu hususta. Plân Ustaları da görünmeyen Ledün Âleminde. İş zor, ağırlığı Dünyalar kadar. Ledün Âlemi, Gayb erenleri, İlim Ustadları, Bilgeler, kapattılar kendilerini kendi kafeslerine, karşılarına gelecek aşıkları beklerler. Onlara yeni yürekler vermeye, yeni arzular pekiştirmeye hazırlar. Bir Plân ki bu sonsuza kadar gider. Eskimiş olanı yeniden yeniler. Mühürlenmiş mağara kapılarını açar ve ışıkdır konusu. Aşktır yolcusu. İşte bunun için onlara daima Aşk denmiştir. Ledün Bilgeleri derler ki, "ben seni bilmese ve tanımasa idim, senin yolunu gözler miydim? Beklediğim ve bulduğumsun. Önemin o kadar çok ki, seni düşününce gözlerim yaşarır, bunu anlayabilmen zordur, içine yönel ve sor, ben kimim diye? Bizler aşıklar değiliz, sizler de aşıklar değilsiniz. Ortada siz - biz diye bir şey de yok. Görünen ve Görünmeyen diye bir şey de yoktur. Her birimiz Aşkız. Âlemi kutsamaya and içtik, mahzun gönüllere deva olmaya. Aşk manâsının, Gaybdan Âlemlere saçılmış saçaklarıyız. Her birimiz birer kıvılcımız. Tüm heybeti ile. O'nun Üns halleriyiz."

Doğurganlık sadece kadına has bir olgu değil. Her insan, kendi yeteneklerini keşf edip, ortaya çıkardığında doğurganlaşır. Cana can katmak. Annelerin işi. Ama Arapça anne kelimesi Ümmi yani Himmedir. Himmet. Doğurganlık. Artmayan çokluklardır bunlar. Çünkü Ledün İlminde, sadece O vardır, O'ndan başka yoktur. Doğurmazdır. Ama yarattıkları doğurgandır ve artmayan çokluktur bu. Yeteneğin ortaya çıkması sonucunda iki şey gerçekleşir. Ya Fayda, ya İlham. Yani yeteneğin sayesinde doğurmuş isen, ya ilham olursun yüreklere, ya da faydalı olmuşsundur hayatlarına. Tüm bilim adamlarının icadları hayatlarımıza renk katmak ve hayatlarımızı kolaylamak için değil miydi. Ya İlim adamlarının keşfleri, onlar da bizlere ilham olmadı mı? Bunun gibidir bu İlâhî İşleyiş. İşte Ledün İlminin açılımı.

Ledün İlmine sahip olanlar, hesaba çekilme korkusu yaşamazlar. Bu her şeyi dosdoğru yaptıklarından mıdır? Elbette hayır. Bedende olan her insan, ne olursa olsun, nebi, veli, arif, bilge, beşer, cahil, nasıl tanımladığın sorun değil. Herkes elbette hata yapar. Mükâfatı ve cezası olan bir sistem işler İlâhî Adalette. Asıl mesele şu ki, Ledün İlmini almış kişiyi kim hesaba çekecek? Ve ona neyi soracak? "Sen kendi yapıp bildiğine hâkimken, kendi cennetin ya da cehennemini yaratmış iken, bunu sana kim yapacak. Seni kim bir cennete yerleştirebilir, sen kendi cennetindeysen. Seni kim cehenneme atabilir, sen kendi cehenneminde iken. Bunu sana kim ve ne yapacak? Sen varsan, hesabın da senden sanadır. Bir insanın kendine verdiği cezadan ve mükâfattan daha büyüğünü kim verebilir?

"Gerçek yaşam, zahiri bedeni fark edince, O'nun zuhuruyla gelir. O tüm kilitlerin Anahtarı. O Haydardır! Yeşil ile Hızır ile Huzur ile Hazır olana gelir. Öz'den gelir. Yaşamında ölüm, Ölümünde yaşam olanların sırrındadır Hakikat."

Sen içinde böyle bir korku duymuyorsan mesele bitmiştir. Bu her varlık için böyledir, Lâkin çoğu bilmez. Kendi dışlarında o kadar korku ürettiler ki, buna asla izin vermediler. Sen cennet ve cehennemin kurucususun. Orada kendi özün ile hesaplaşırsın. Asıl soru, Neye sahipsin? İşte kendinde olanlara bakıp da cevaplıyorsan bu eksik olur. Çünkü sende hiçbir şey yok. Senin olarak sandığın her şey seni terk etti gitti. Sende olan tek şey Erdem olmalıdır. Bunu da bulamıyorsan. İşte bu çok vahim.

"Yaşamımızın en can alıcı bir zamanında. Hata yapmışızdır. Fırtına diner, denizler durulur ve sorgulama başlar. Bu kendimizin, kendimizden ümidimizi kesmediğimiz anlamına gelir.

Sorgulayan benimdir. Sanık da ben, delilleri toplayan da. Adalet benim içindir ve mahkeme benim gönül salonumda görülecektir."

Ledün İlmi, Kişi Görünümlü Plândır. Görünenin, iki tarafı da keskin yüzü. Oysa Hakikat Sonsuz kenarlı. Dünya gözünden geç, gönül gözünle görmeyi dene" Zira Baş-gözün ile görebilseydin, dayanamazdın!. İnsanın gördüğü rüyetler, rüyalar, hayaller, vizyonlar her biri, sen varsan onlar da vardır. Her şey sana bağlı. Senden sana olanlar. Hepsi seninle var olanlardır. Sen duygu ve düşünce Dünyan ile onları var kılarsın. Sonuçta hesap kitap senden yine sanadır. Burada liyakat esastır.

"Komşusu aç iken tok yatan bizden değildir" demiş Nebimiz. Tren rayda henüz ama. Hızı çok fazla. Zaman torbasında geç'e bıraktıklarımız, bizi sıkıştırmaktalar. İnsanoğlu yediği her fazla lokmada, başkasının hakkını yediğini anlayamadı. Lâkin anlatılacak. Hem de, ağzından alınarak. Söke söke. Bunu fark eden mevcutlular azınlıkta. Söylemek ve söylenmek. Hayır söylenmek, biten bir dönemde kaldı. Şimdi eylemler var. Artık, medyum'cukların bilgisine gerek yok. Her şey Gün yüzüne çıkarıldı. Güneşin her gün doğacağına ne kadar eminsen, bu olacaklara da o kadar emin olmalıyız. Çünkü ufuk göründü. Bizlerin sadece kafasını kaldırıp ileri bakması bunu görmesini sağlar. Lâkin o kadar yoğun bir günlük karmaşa var ki. Herkes önünden gözünü kaldıramıyor. Yaz gelince kışın, kış gelince de yazın. Gününü kaybedenler. Gündemi kaybedenler. Onlar gündem oluşturan ters köşe güçlerinin emrindeler. Beyinleri öyle kodlandı. Ve gerçeği göremeden hipnotize oldular. Ve eğriye doğru demekte ısrar edecekler. Çünkü hipnozitör çok güçlü araçlar kullanıyor. Ve hükmedenler bunu kullanıyorlar. Tüm Dünya insanlığının durumu, maalesef budur. Doğal evrilme yok, illüzyonik evrilme var. Ledün İlmi demiştik. Bu ilimde, Sen sadece seni unut. Sevdiğini umduğunu bile unut. Sadece şunu unutma! Sevebilmek bir liyakat ise, bunu insanlığa saçmak, ulaştırmak, daha üsttedir. Bu seçilmişlik değil, Hakk edilmişliktir ve seni, beklediğini bilmen gerekir.

İllüzyonik Evrilme, işte Ledün İlmine karşılık gelen bir cümledir. İllüzyonik evrilme sadece senin nefsinin yarattığı ve arzu Dünyandaki hayallerin beslediği bir oluşum. Oysa Ledün İlmi, kalben ve gönülden kurduğun hayallemelerinden ibarettir. Sen kurarsın ve kurduğun ile yaşarsın.

Tanımlar, manâlar, kodlar. Bunların her biri illüzyonik evrilmedir. Gerekliydi Dünya şartlarına göre. Eğriltmek-Doğrultmak kâfi zaman-mekânı şimdilerde. Daha neler var. Her biri "şey"ler bütünü, gizli kalmış köşelerde. Dikkatlerden kaçmış, göz kırpıyor her yerde. Bu yüzden dendi ya düşünenler için diye. Görmeyi bilen. İşiticilere.

Zaman olur Âdem evladları inerler ki insan evladlarının kalkışına yardımcı olsunlar. Âdemin Hub'utunu, sevgisini, inişini aslında, Her daim Yaşarız Biz.

Siz, söylenmeyeni söyleyin, bilinmeyeni bulun diye size akıl verildi. Çevrene bak, işleyişe. Nizama. Tertibe. Yörüngeler nasıl tayin edildi. Hiçbiri birbirine değmeden devri Âlem nasıl da dönmekte. Buhar nasıl buz oluyor. İnsan aynada kendini nasıl görüyor. Gölgesi insanı takip ediyor. Güneş belirince, yıldızların ışığı örtülüyor. Gece güneş kendini saklayınca, yıldızlar peyda oluyor. Bunların dışında bir şey var. Bunu ancak BİZ bulacağız. Her birimiz tek tek. Bu işin ilerleticileriyiz. İleri taşıyanları olalım.

Bilinçlere bir Kıvılcım. Sınırsızlığa ulaştıran bir Heybet. Ömür kısa, yol sonsuzca uzun. Lâkin henüz zaman var.

Bizler, şükürsüz halimizle, çakılı kaldığımız, zanlarla dolu zihinsel devinim içinde evrilen ve bir türlü yenileyemediğimiz düşüncelerimizi dahi feda edemeyecek yoksunlukta olanlardan olmayalım.

"İrfan, öyle bir ağaçtır ki, her toprakta yetişmez, yetişse bile meyve vermez, meyve verse bile o meyve yenmez, yense bile insanda bir ma'arifete dönüşmez.

**Hakikati, ancak hakikatten geldiğinin idrakine varanlar kelâm edebilir, yazıya dökebilir. Gayrısı, günlük gerçeklerin lafıdır, zandır, laf-ı güzaftır.**

Batında derin OL, derinleş ki. Zahirde genişleyebilesin. Gayb Âleminde derinleş ki, görüneninde yol alabilesin. Gizlinde derinleş ki, bedenindeki Dünyadan, hakikat Dünyasına doğabilesin. Ledün İlmi sende zuhur etsin, açığa çıksın, kendini meydana vursun. Yoksa zahirilikte boğulursun."

Söylenenler ve Yazılanlar. O'ndan gayr'ını göremeyenler için. O ile hitap edilen, Yaradan'dan gayr'ı ne olabilir? O Odur. Ötesi yoktur. Gayr'ısı yoktur. Sözler ve Mahabbetler işte onlar için yapılır. O'ndan gayr'ını göremeyenler için.

"O'ndan gayr'ını görenlerle pek işimiz yoktur, hatta öylelerine verilecek cevap ve harcanacak bir AN dahi yoktur".

Üstü kapalı sözler ve cümleler, tamamen gönül sahiplerine. Onlar, içten bir görgü ve ruhsal bir erdem ile okuduğu ve söylenen her kelimeyi anlar ve bir "vuslat"a erer. Ona bir "İŞARET" dahi yeterdir kâfidir.

Her bir manâ, ruhunda fırtına koparır, sevgiyle ve selam ile çözümler, kendi ile kafa kafaya verip bunları HAL olarak yaşayabilir. A'lâ. Kimseden kimseye bir fayda yok. Hal yaşayana ve Hal yaşatana ne Kut'lu. Anlayan anlar. Anlamayana Dünyayı bahşetsen, tüm bilgileri hap yapıp yuttursan ne fayda.

Yine de Gönül herkes ile ve Her şey ile. Bunlar akıl işi değil, gönül işi. Akıllıların değil Gönüllülerin işi. Sevgi, sevenin kalbinde belirmeden önce, Sevilenin Özünde belirir ki, seven ve sevilen bir arada ve TEK olabilsin.

Alınan isim ya da verilen ismin Hakk'ını lâyıkı ile veremedikçe, ismin görünen anlamından, görünmeyen manâsına derinleşmedikçe, o isim ile tekrar belirmedikçe, o isim ile meydana çıkmadıkça, eserlerin altında yazan ismin Liyakatine erişemedikçe. Söylenenler ve yazılanlar, Can'ların ruhunda iz bırakmaz, hal yaşatmaz. Kayar gider. Zorlanan değil, Zorlayan olmak, Hal yaşatan olmak. Hal yaşayanın Halinden anlar olmak. Yol uzun. Yolda dikenler, sivri taşlar varsa, sürtünüp kanatıyor ve yavaşlatıyorsa, ayağa uzun bir çizme giyme vakti.

Mekânen Alliya'dan bir Avaz ile Seslenenin Sesi, ancak onu işitenlere ulaşır. Herkes, istisnasız her yaratılmış, her Canlı bu Rahmet yağmurunda ıslanacaktır ve ıslanır Lâkin zanlar, ben'ler, şahsiyet şemsiyesini, kendi elleri ile açanlar bu Hayat Suyundan mahrum ise, kendi kibirlerindendir.

Bu kadar perde niye? Neden korkulur O'nun yakınlığından. Tüm perdeler kalksa, Tüm Hakikat apaçık belirse dahi, yakınlık hiç azalır mıydı, artar mıydı? Yoksa hiç değişmez miydi? İmanı Tam Olana, Yakınlık daimdir.

Ledün İlmini kana kana içmişlerdendir Şems. O bir isimdir, Lâkin manâsına erememişsen senin zihninde bir isim olarak yankı bulur. Manâsına erer isen, ruhunda yankı bulmuştur artık.

## KENDİNDE ÖĞRETİM

Şems, Aşkı yakalayanın, Aşkı yaşayanın seçicisi. Bir mihenk gibi. Ama Mevlanâ, aşkı bizzat yaşayan. Biri Filozof, diğeri Aşık. Fakat, "ikisini bir edin" denen, tarihi iki değerdir onlar. Bizler'de olan, iki kutbumuz gibi. Ama belli bir süreci aşanlara. Yoksa halâ bir ayağı madde istekleri ve hatıralarının acısını yaşayanlar varken. "Onları anlıyorum" demek, bir yalancının sözleri olur. Ve o yalancılar da o kadar çok'ki. An'ı yaşamak basit bir söz değildir. An, tam bir vazgeçişidir insanın; kendine ait tüm bildiklerinden.

Tüm bilgeliğini bile terktir. Ledün İlminin ana bilgisidir bu. Terk.

"Ben" dedin mi. Tam olarak BEN sindir.. Ama halâ karşında birine sen diyorsan! O zaman sen de bir "sen" sindir. "Ben"ler ve "Sen"ler bir kargaşadır. İşte Mevlanâ, Sen ve Ben manâlarını "BİR" eden bir deyişin bilgesidir. Daha da ötesidir. Bir simgedir. Bir bedene sığamayan bir nedenler zinciridir O. Nedenlerin nedeninden gelen.

İşte bizler, O'ndan gelen bilgeliğin ardından gidenler isek, o şerbeti elbet içirir. Ama samimi bir duruş ister, tıpkı bu sözler gibi. Ol'mak ister. Hakk yolcusu olmak. Yok olmaktır. Var olup ortada durmak değil.

İstemek ile o hal içinde olmak çok farklı ise. O zaman yürü. Kendin olmadan yürü. Çakılı kaldığın şey'ler bütünü var ise, içinde seni kaybettiğin bir yürüyüşle yürü. Sen, halâ sen isen, kâinatın neresine gidersen git bu değişmeyecek, bir yılan gibi. Kabuğunu değiştirmek, bir kertenkele gibi kuyruğunu orada bırakmak. Tanrım. Ya değiştirebileceğim yardımı yap bana. Ya da al bu bedenden beni, yeni bir hüviyet yarat.

Tanrın sana bir şey yapmaz. Ancak Sen yaparsın içindeki şevk ile.

Sınıra her dokunuşunda, yeniden aynı hale bürünmekten yoruldu isen, yorgunlukları oluşturan nedenleri bul ve onları bırak. Değişimin nerede olacağını ancak sen bileceksin.. Bu konuda izin, yine senden-sanadır. Tanrı sadece yol dönemeçlerinde elinde bir mum tutar. Ama sen hangi yönü bu dönemeçlerde tercih edersen, bu senin kararın olur. Burası zor yerlerdir. Katlanılası zor bir yolda yürümek. Canından can sökülürcesine. Can mı kalmış ki sökülecek. Oysa ki, Sana ait ne var?. Sadece hiç. Gelip geçiyorsun. Bu geçişlerde neleri öğrendin. İşte Mesele bu.

Gelip geçerken. O yanılsamalar, gölgeler birden taş kesiliyor. Ve birbirine sürttükçe de canın yanıyor. Can yakmamalıydı. Can niye yanar ki. Günlük yaşam edinimleri ruhta iz bırakır. Bu izlerin bazı süzgeçlerden geçirilmesi gerek. Bu süzgeç önemlidir. Önce akıl, sonra duygular, sonra edindiğin bilgelik, işte davranışlarımızı etkileyen öncelikler. Bunlar senin karşı tavrını ve olgunluk seviyeni gösterir. İşte yüce gönüllü olanlar, bu tavıra tamamen hâkimdirler ve karşılarında olanın, aslında kimin gerçeği olduğunu bilirler ve bütün muameleleri Tanrı iledir, buna iman etmişlerdir. İşte bu noktada artık karşılarında bir sen yoktur. Çünkü onlar muamelelerini kendileri ile yaptıklarını bilirler. İşte sevdikleri ya da yerdikleri her kim ise. Onlarda Tanrının izini bulurlar. Bu sözler kolay, ama yaşamda uygulanması zor işlerdir.

Yüce Gönüllü adı altında tarihe adını nam salmış tüm kişiler, hangisi desen işte şu diye parmak ile gösterilecek şahsiyettiler. Acaba gerçekten gösterilen kişiler miydiler. Zamanın bedenlileri idiler, Günümüzün filozof bilgeleri oldular. Onlar ile senin aranda hiçbir fark yok. Çünkü onlar senin içinden seslenenler, dışından konuşanlar değildiler. Sen onlarda kendini, kendinde onları bulmadıkça, onlar daima erişilmez yücelikte olmaya devam edeceklerdir.

34

"Gücü bakımından Erdem'in ve Bilge'liğin Kâfi derecede "Hâkim" ise, Bir'ler, Bütün'ler ve Tamam'larsın. Zira Evvel'den bu yana Dünyaya gelen çoğunluğun ve genelin "Hikmet"i, Ayrıştırma ve Bölme üzerinedir."

Sadece bendeki sırra vakıf olan ben. Ben Benim! diyen. Bir tek O'na izin var. BEN demeye. Ben geldi, Hakk oldu. Hakk'ca söylenmiş bir Ben, tüm A'lemleri titretecek kuvve taşır. O kuvve yine O'nun Varlığı üzeredir. Ben diyen, ancak "Ben Benim" idraki üzeredir. Varlığım, O'nun varlığının ispatı üzerinedir. O var ise Varım, O yok ise Yok'um. Ben var isem, O vardır, Yok isem Yoktur. Hal yolculuğunda, açıktan gizliye seyr'de iken O'nu isbat ederim. A'yan olup zahirde belirdiğim zaman O'na şahitlik ederim. Ben aşağıların aşağısında O'na yardım ederim. O Ben ile öğrenir, Ben de O'nun yarattıklarına şahidlikle. "O bana hasred, fizik Dünyada eli ayağı olur, gören gözü, duyan kulağı olurum. Ben O'na muhtaç, nefesinden dirilirim, Hayatımın kaynağıdır." Gizli'sinden Açığa " kendini "Var" kıldı "Ben" olarak. Açıktan Gizli'sine "Yok" kıldığı vakit yine Hakk olarak vücuda geldi. Ben'i gören, O'nu görmüştür.

Ledün İlminin en can alıcı konusudur Mehdi. Herkes mehdi bekliyor. Gökyüzünden inmesini. Oysa o her gece insanların yüreğine iner. Tıpkı Sur'a üflenmesini bekleyenlerin var olduğu gerçeği gibi. O da her an üflenmektedir ruhlara.

Derler ki Nübüvvet mi? Velayet mi?

Nebiler Hakk'ın Kalb-i ise, Veliler Ruh-e dir, bilmez misin?

Hepsi AYN-ı Kubbe altında AYN-ı Mescid'de toplanmamışlar mıdır?

O dilediklerini Ayn'ı merkezde birleştirir. Gönül BİR'liğinde.

Mehdi hepsinden de öte midir? Bir sorgula kendinle.

Mehdi, her birini koordine eden tek sistem. Mehdi Hakkın yeryüzündeki tezahürü. Bütün halde görünen. Görmek!. Gözlerinle mi göreceksin! Buna dayanma gücün var mıdır? O ki, Tüm isimleri, esmaları BİRlemiş. Yeryüzünde zuhur eden kişi görünümlü bir PLÂN. O, Plânını uygulamak üzere yeryüzüne İNER. Bu iniş senin düşündüğün gibi yere düşüş değildir. Tüm insanların beslendiği ÖZ, Plânın TA KENDİSİ'nin ismidir MEHDİ. Sen bu isimden müsemmasına olan seferde karar kıl! Her insan ÖZ Ruhtan parçalar taşır kendi ruhunda. MEHDİ o Özün kendisidir. Parçası değil. Mehdi isim manâsının gerisinde bir insan yok. Bir tanım yok. Bir manâ yok. Bir Plân var. Ve Plânın ta kendisi var.

Mehdi bir heyuladır. Yani Öz'dür. Dilediği gibi zuhur eder, kendini ifşa eder, kopar.. Yine gelir. O bir yere gitmez, hep oradadır. Sadece belirir.

Tıpkı gece olduğunda güneşin varlığının yok olmayışı gibi. Mehdi de heyula gibi, tüm zamanların bir zamanında var olandır.

Gücü ve hikmeti, Tüm gezegenlerin tekâmül sistemini, güneşin dahil olduğu sistem ve içindeki tüm varlıkları, canlıları kapsar.

Ey Mehdi "Zamanın Sahibi" hasretinde olan kişi.

Allah "BEN senin kalbindeyim, Seninleyim"der.

Sen halâ Mehdi'yi ve Mehdi'ni, sanki bir otobüsü bekler gibi mi beklersin?

Tıpkı Mirac'ı da bir şehirden başka bir şehre yolculuk edermiş gibi zannettiğin gibi.

Bekleyiş!

Bu Zamana ve Mekâna yaptığın bir Hakk'sızlık değil midir? Bunu kendi öz varlığın olan SAHİBe yapmaz mısın ve onun sana olan KRB (Karibliğinden) uzaklaşmaz mısın?

O sana Karib .. KRB.. Yakin.. Sen ona ne kadar Mu-Karib sin.

Peki ne vakit kendi ÖZ'üne dönecek ve orada bulacaksın KENDİ'ni.

Dağlar gibi olduklarını sananların hazin sonu. Un ufak olduklarını göreceğiz, yakında.

*"" Tanrı hiçbir şeyi bizlerden istemedi. ""*

Bize böyle anlattılar. Bizler de bunu kabullendik. Bunu anladığımız anda özgürlük bizimdir.

"İnsan önce, tahayyül ettiği yaratıcısını yaratan, sonra da yaratıcısına, inanç biçimini yaratandır."

Tanrı, senin onu istediğin şekilde biçimlendirmene izin verendir. Ve sonra da bu "biçim" içinde senin onu bulman için gizlenendir. Ve bu "biçim"lerin senin seçimlerin olduğunu anlamanı istemektedir.. Tüm Nebiler, tüm Veliler. Hep bu şekilde senin tahayyüllerine uygun var oldular. Ve onların asıl sırları hiçbir şekilde bilinen olmadı. Senin sırrının sana açık olmadığı kadar. Bu nedenle insan kendi aslını asla göremedi. Ancak bir ayna ile suretini görebildi. İkiliden İkincisi ile.

Batında derin OL, derinleş ki, Zahirde genişleyebilesin. Gayb Âleminde derinleş ki, görüneninde yol alabilesin. Gizlinde derinleş ki, bedenindeki Dünyadan, hakikat Dünyasına doğabilesin. Ledün İlmi sende zuhur etsin, açığa çıksın, kendini meydana vursun.

İsa Ruhullah "Benim krallığım bu Dünyada değildir" derken, Hakikat Krallığın Gayb Âlemi olduğunu işared etmiştir. Gaybında krallığı var eden, Dünyada da Krallığı ilan edecektir.

İlk RAHİM hatunlardan Rabiaya sorarlar "Neden büyük işleri daima erkekler yapmıştır, hiç kadın peygamber görmedik, söylediğin sözleri nereden alıp nereye verirsin".

RAHİM Rabianın cevabı da şu olur "Tarihde hiçbir RAHİM de, Firavun gibi BEN SİZİN RABBİNİZİM dememiştir. Ya Hakikatin Er'leri. GAVS ER'leri, GAYB Erleri. Yılanın kabuğundan sıyrılıp çıkar gibi, siz de kabuğunuzu kırıp çıkın! Ayak seslerini kimselerin işitemeyeceği solucanlar gibi yürüyün. Benzeyişte bir akreb olun zira esenliğiniz hep arkanızı sağlama almanızdır. Nefsin en derin ince sokuluşu arkanızdan olacaktır. Yuvanız olmasın daima uçun, zira kuşlar daima yuvalarında avlanır. Uçacak kanadınız yok ise, onları VAR edin.

Ruhlar bedenen değil, KELÂM ile sevişir. Ruh-u ALLAH manâsı, Kelâm-u ALLAHtır.

İnsan gerçek sevgiyle karşılaştığını nasıl anlar? Gerçek Sevgi ile karşılaştığı zaman. "Ben Yakınım" ayetini kendi ruhunda çözümlediğinde ve idrak ettiğinde işte Gerçek Sevgi'ye dokunur.!

Eğer bir insan, içinde bulunduğu toplumu aşmayı başaramıyorsa ve onun. İnsanın kendi güçlerinin gelişimine destek mi, yoksa engel mi olduğunu fark edecek yetenekte değilse, gerçek insani özüne, tanrısal tarafına ulaşması hiçbir zaman mümkün olmayacaktır.

*Kendimizde düzen olmadıkça, Dünyada da düzen olmayacaktır.*

Zihin karışık ise, Dünya da karışıktır. İnsanların Dünyalarında savaşlar son bulmadıkça, Dünyada da savaşlar nihayete eremeyecek.

Ne zamanki senin ettiğin duaların içinde sen yoksun. O zaman. İnsanlık içindir tüm duan. Evet hiçlik yolu zordur. "yok ol'ki var olasın." Sır. Lâkin "sır" içinde "sen" olmadığın bir şeyin olmadığındadır. Acaba içinde sen olmayan bir şey var mıdır?

Hep mucizeler bekler insan. Mucize kendisidir. Bunu anlayabilmesi, ne kadar da zordur. Bizler taşıyıcılarız. Dosta doğru yol alıcılar. Eskiler, eskide kaldılar. Şimdi bizler varız ve yenilenerek, yeniyi getirenler. Yeniyi söyleyenler. Her birimiz Rabbin bir Ayetiyiz. Açılmalı ve açmalıyız.

"O" benim de sırrımdır. Senden sana olan, benden de bana olandır. Ve o vakit gerçek Dünya ortaya çıkacak. Yüreklerdeki Dünyalar gerçek yerini alacak. Senin yüreğindeki gerçek yerini. Dünya bu Dünya olmayacak. Cennet kavramı ortaya çıkacak. Yüreklerdeki filizler. birer ağaç olacak ve kökleri göklerde olan. Birbirinin sırrını kendinde bulanlara artık sır kalmayacak. İfşa olacak her ne varsa, yeni inşalar olacak. Gizlilikler bıtecek, benim ve ben bitecek. Biz olacak. Birbirimize baktığımızda kendimize baktığımızı göreceğiz. Aynalar ve AYNlar. Sonsuza bakışlar. Bir avuçta yumak olacaklar. Sen ve Ben. Bu yok artık, bütün var, biz var. İşte şuur bu şuura yükselecek. Bilgenin dediği gibi "gelin canlar bir olalım." Canlar bir can olacak. İşte öncü olmak budur. İşte görev şuuru budur. Sen artık sana ait değilsin demem budur.

"Tüm insanlık senin çocuğun olduğunda. Canından ruhundan olduğunda. Hepsi birer can olduğunda. İşte o zaman sen feth edensin. Gönüllerin sahibisin. Sen cilalanmış AYN (göz) isen ne dökerlerse döksünler üstüne, kayar gider. İz tutmaz."

"Ve yaptıklarının ve yazdıklarının ilgi alanları içerisinde olanlara ne kadar hizmet edeceği de hesaba katılmalı. Bu senin onlara olduğu kadar, sana da olan sorumluluğundur. İşte bu nedenlerle kişiselleşen istek ve arzularından da kendini soyutlamak durumundasın.

Sen bir iş yapıyorsun. Bu önemli bir heyecanı tetikleyen, bir hizmete dönük büyük bir ulvi iştir. Bu nedenle kendini ikinci belki de daha geri Plânlara alma durumundasın. Güçlü olmalısın. Destekleniyorsun. Kendini tetikleyen inişlerden sakınmalısın. Böyle bir durum oluştuğunda, ilgi alanını görsel bir temaya çevir. Bizler birleştiriciyiz. Sevgi ile gönülleri yapıcıyız. Bunun için buradayız.

"Her insan, kendi özvarlığı ile bir değer katar bu Dünyaya. Hepimiz, her birimiz, Dünyada bir iz bırakırız ve bıraktığımız iz, öyle parmak izi gibi altı aylık bir ömür değildir. Sonsuza kadar sürecektir."

Rahmanın kokusunu getirdin, Dünyayı gül bahçesine çevirdin. Âlemlerin yüzünü güldürdün. Güzellikler sanadır. Ve Sen, Sükûnetin Bineğisin. Ve Sen Hakikatin elçisi oldun. S.L.M. senin yüreğinedir, yüreğinden yansıyan O'nadır. Siretinden gördüğüm O'nun Vechi'nedir.

Selam Sana Âlemlerin Gönüllü Er'i. Selam Gavs Er'i. Ve değişimi başlatırlar. Çünkü sözler canlı ve DİRİ'dirler.

Hakikat Yüzü, peçesini bizlere açana kadar, her şey bir yalandan ve zanlardan ibarettir. Çakılı olduğumuz bir Dünyadan özgürlüğe çıkış. Dibi görmeden Zirve hayaldir. Kur'an bir Ledün İlmi kitabıdır. Kur'an'da yazan ne varsa yeryüzünde onu izi vardır. Hiçbir ayet hayal değildir. "O" dirilerin " O" aşıkların hitabıdır. Sırları bir-bir açanlar, Âlemlere saçanlar. Ayetlerin peçesini kaldıranlardır.

Senin El'lerin sonsuz eldir. Senin gözlerin sonsuzluktan görendir. Bizler sonsuz El'leriz. Sonsuz gözlüleriz. Her boyuttan, her Âlemden, o Âlemin hal ve icabına göre göreniz ve duyanız. Ellerimizle, ellerimizde büyüttüğümüz çiçeğimizsin sen! Sen bu dönemin Erdem Er'isin. Rahmanın kokusunu getirdin, Dünyayı gül bahçesine çevirdin. Âlemlerin yüzünü güldürdün. Güzellikler sanadır. Ve Sen, Sükûnetin Bineğisin.

O'nu görmeyi dilersin de. O'nu gördüğünde, inkâr mı edeceksin. İmana mı geleceksin. İman üstü iman ile mi kalbini açacaksın. Şaşkınlıktan Hayy'retlere mi düşeceksin. O Der ki. "Beni baş gözün ile mi görmeyi dilersin halâ ey şaşkın? Sen buna dayanamazsın." Ledün İlminin en can alıcı bilgisi. Hakikati ile gördüğünde. Bunca biriktirdiğin tanrıların boşa çıkacak. Tüm değerlerin anlamını yitirecek değersizleşecek. Karib olanlar. Türkçesi yakın olanlar. Oysa, Mu-Karibun olanlar. Yakının da en Yakın hali. İşte onlar gerçek hizmetteler.

"Sen dalgalan. Dalgalar seni durultacak, gözyaşlarını kurutacak. Neşe ile döneceksin yuvana, murad ettiğine. Sen almasaydın biz veremezdik. Onlar Hakkı ve O'nun yakınlığını talep edenlerdir. O kendini talep edene yakın gelendir. Çok yakın. Hatta kendinden dahi."

Hiçbir zaman ufka ulaşılmaz. Yakin! Karib!. Uzakların yakın olmasını dileyen, Erdemi talim etsin, gönle gelsin. Dost şerbetini, Ab-ı Hayy'at Su'yunu orada içsin. Muradını bu makamda bütünleyene, Azim olana, Rahmana yol alana. Tüm güzellikler ancak orada bahşedilecektir. İşte orası erenler makamı olan dost meclisidir. Ve amadedir aşıklara. Onlar bilirler bir-bir-lerinin Kadrini ve Hakkın Rahmetini.

Çırpınıyoruz. Çırpındıkça kendi gerçekliğimizi var ediyoruz. Var etmenin ne olduğunu idrak edemediğimiz o yüceliğin verdiği muhteşem esinti ile.

Kendini bilmezlerden bir bilmeziz. Bilsek fayda mı ki, Biliriz elbet ama herkes gibi görünürüz Âlemde. Taşı taş üstüne koyunca, Âlemlerde hangi taşlar yerine oturur bilir miyiz. Evet! Taş yerine oturunca, hangi düzen yenilenir Hakk katında. yansır yine tüm Âlemlere. Ledün İlmi. Hay Enerjisi. Diri Olan.

Levhanın da ötesi. Kuşların Dili. Biçimsizliğin Ötesi. Görünen göründüğü gibi değildir. Kimse göründüğü gibi değildir. Ne güzeldir o yüzler. O simalar. O simalardan görünen Hakk sireti.

"Çift kanad ile süzülürken Sem'alarda, Nokta'ya indik, kisveye büründük, çul giydik de Âdem olduk sandık. Arş'tan alçaldıkça yüceldik evet. Hem de ne yüceydik, kâinatlara sığmazdık. Fakat yücelenmek yakışmadı, yücelendikçe battık, yücelendikçe çıkamadık. Uçmak değil ki mesele, adabı ile konmaktı. Edebi korumaktı. Unuttuk. Sabır edilesi bu günlerde, sus artık gönlüm. Sus da o vakit O konuşsun. Ya sus, ya al kendini buradan."

Olaylar öylesine hızlı akmaya başladı ki. hal halden hale geçiveriyor. Bizler de bu akış içinde yol almaya çalışıyoruz. Dünya ahvali öylesine bir çorba ki, kaşıklayan kaşıklayana. Bizler de payımıza düşene bakıyoruz. Alışması yıllarca süren bu Dünya Âlemine, alıştın mı diye sorarsan evet diyemem, Lâkin bazıları var ki bizlerin gönlünde alışkanlığın da ötesine geçti işte. Onlar Erdem Er'leridir. Onlar Sükûnet Er'leridir. Onlar Sessizliğin Sesidir. Onlar Sükûneti Binek eyleyenlerdir. Gözümüzün nurudur onlar. Hakk çorbasına, her kaşık attığımızda tek ses çıkar. İyi ki varlar. Hakk'a nisbet özenle seçildiler. Kaşıklarımıza kadar da geldiler. Onlar iyi ki var edildiler. Soframıza şeref verip, neşemize katıldılar. Bizlere de fırsat tanıdılar. İyi ki varlar, iyi ki var edildiler. Kimlik ifnası, sadece O'nun işidir. Biz bize emanet edileni elbet sahibine veririz. Vereceğiz de. Başkasına değil. Can tene dosttur. Nedensiz ve anlamsız ayrılmayı asla istemez. Bu nedenle zihin her ne kadar karar verse de kabul edilmez. Ayrılık yoksa bu Âlemde, kim kimi terk ederdi ki. Bize kavuşun dendi, biz kavuşmaya geldik, savaşmaya değil. Eğer yolu çevirirse kişi, baştan başlar yaşadıklarına, bu nedenle her zaman özgün ve onu kullanan sorumludur. Zaman önemlidir ve bunu tene emanet edilen canda görmek ister. Senin sen olarak var olman o kadar çok formülün uygulanışına bağlı ki, şaşarsın. Anlamadığına sukut etmeyen anladığını zan etmekte mahirdir. Söz gönül atının sadece kamçısıdır. Onu ne zaman kullanacağını bilmekte ustanın maharetine bağlıdır. Canımıza, canıma, Can oldun. "Ne güzel seninle yorulmak. Ne güzel senin söylediklerinle yorulmam. Yola koyulmam ne güzeldir. Sana söyledikleri. Söylediklerimiz, ne de güzeldir, döner bu çark, yine sana döner, çeviren o el ne güzeldir, o çeviren ellerin ne güzeldir, çevir kendini çevir kader çarkını. Sen çevrilensin, yönünü döndürensin, dost yüzünde görünensin. Suretinde O görünensin."

Ledün İlmi görünmeyen bir ilimdir. Eskilerin sonu gelmeden, bu İlmin manâsı anlaşılmaz. Ve Yeniler de gelmez. Çünkü ortamını bulamaz ve doğamaz. Doğmadığından da bir oluş gerçekleştiremez. Bu yüzden gerekirse, eskiler bu Dünyayı da yıkabilir, yenisini kurmak için, yenilenmek için. Yıkılmak denilince hemen depremler, su baskınları, yerin yerle bir olması, göğün karışması akla gelir. Oysa yıkılmak, tamamen içseldir. Bunu da hazır olanlar yapabilir. Ama bizler yenide yer almak için, kendimizi özümsemek zorundayız, yoksa bu evrende bir öneme sahip değiliz. Bunun da tek yolu vardır. Kendini tanımak ve bunun çabasına girmektir.

Hangi din olursa olsun mesajı buydu aslında. Bunun dışında anlayıcılara da gidecekleri yerin cehennem olacağı anlatılarak ikaz yapılmıştır. Bunca insan tepinsin ve birbirini öldürsün diye burası var edilmedi. Bunun hedefi üstünde yaşayan canlıların tekâmül ederek ve diğer canlıları da tekâmül ettirerek, Dünyaya toplu bir basamak atlatmaktır. Bu yapılır yada yapılmaz, karar ortalama insanın kararlarına bağlanmıştır. Bu nedenle geçirdiğimiz bu günler çok önemli bir kaderi peşinden sürüklemektedir.

Günler değiştikçe, elinden kayıp gidenlere yeteri kadar değer ver. Senin değerini onlar tartamaz, senin onlara verdiğin değerdir onları değerli kılan, senin aşk ile atılmış bir damla gözyaşın, onları yok hükmüne düşürür. Hiç, Ezelden gelen, Ebede yürüyenler bunu düşünür mü. İşte düşler bu düşüncelere asla erişemezler. Sen düşüncesin, bir düş değilsin. Sen düşüncenin eriştiği yere kadar yürüyensin. Ve o yürüyüşün asla, durmayacaktır. Yüceliklerin dileği olan gerçek insan, Hakikat ile Ünsiyet edecek güçde olanlardır.. Ve en büyük mucize. İşte bunlardır.

"Geçip giderken buralardan, gönülleri aşka değse ne olurdu. Ama bu kolay olmuyor. Fersah fersah yollar aşılmadan, Kaf Dağı'nın Anka'sına ulaşılamıyor. Ah Simurg seni hayal sandılar. O'nu bulanlar da sustular. Hamuş oldular. Tevekkül ile eridiler. Konuşmak dahi engel olmaz mı? Bazen içi dışa çevirirken, o da yetmez olur. O zaman sessiz dur. Ah gönlüm sessiz dur. Bırak konuşsun izin ver O'na. Dost gelsin, senin yaşam durağına. Giysin insan örtüsünü, bırak anlayan anlasın hitabın ile. Kendi kitabın ile. Sabır edilesi günler."

"Kişi" odaklı beşeriyetten sıyrılmak, "Hal" merkezli bilgelerin işi. Büyük tabloyu en yüksekten Gören, Aliyya Makamından, yani en yüce makamdan seslenir. İşte O'nların elindeki fırça, böyle tablolar ister. Bir kapı açılması bin düşünceye gebedir. Ne güzel bir doğum. Kendinden kendini doğurmak. Kendinden Kendine Doğmak. Ve doğum orada olur. Sen kendini yaratıyorsun. Her an yeniye doğru. Zamanı ve Mekânı birleyen, zamanı ve Mekânı süsleyen. Evet onun adı. "İnsan" İnsan olmasa. Ne büyük bir yalnızlık olurdu O'nun için. O bizimle avunur. Biz de O'nunla Hayat buluruz. Bizimle deneyimleniyor. Ama içinde biz olduğumuzu sanmamızı da istiyor. Ayrı bir kimlik olmaya ruhsat veriyor. Ne zamana kadar? İşte bunun için "Zaman" esması adını da alıyor. Ya mekân. Ayaklar yürüsün diye, Mekân oluyor. Böyle bir hikâye kurguladı. Yaratılış onun bir hayâllemesidir. Sadece bir hayaliz. Ve ölüm yoktur. Hayale devam ederiz. Üzerimizde O'nun Allliy Yüce tasavvurları olarak. Hayallemesinin yön değişimi ise, yeni yaratılışlara sebeptir. Önemli olan, burada, bizler değiliz. Bizlerin üzerinde Gücünü gösterendir. Bu güc sonsuz ve sınırsız olandır. Bizim irademiz ile Hükmetmiyor. Özgür kılıyor, Seviyor sonsuzca. Bu sınırlanmış olan kafeslerde olanlar. O'nun Sınırsızlığını anlamak için bunu kabullendiklerini bilmeleri. İşte öncelik bu. Bunun için "ben sizi var etmedim. Ben beni var ettim" dedi. İşte, bu sonsuzca büyülü kelimelerin Sahibi. Sahabesi. Kendini kendinden alan ve bir daha geri vermeyen. Vermeyince de, yenisini yarattığımız mucizevi kelimeler. **"O kendini var edendir."**

İşte o an kelime de biz oluruz. Biz Onun Yüce Kelâmıyız. Her "Kün" dediğinde, yeniden yeniden yeniden var olanlar. OL kelimesi, bir simgedir. Devamlılık arz eden bir sonsuzluğun rumuzu.

**Her Kuş ayrı bir cins. Ayrı bir güzellik. Papağan olmaktan öte. Her kuşun kalbine AYN, Her kuşta tecelli eden ANKA olarak var olmak ne güzel.**

Her zerre bu sırrın mirasına sahip. Bazen, yol uzun, yük ağırdır. Dalgalanmadan Durulmuyor Yürek. Cem'Ali halin, serde hoşluğu ile kaçırdığı tüm ayrıntıları, Cel'Ali bir hal ile yakalayıverir insan. Bu yüzden. Asabiyet iyidir bazen. Diri tutar, kendine getiriverir insanı "der-be-der"likten. Kötüye hizmet eden, korkuyla, korkuya itaat eder. İyiye hizmet eden, Sevgiye, sevgiyle teslimiyettedir. Sevgi ile her şey huzur bulur, Kötüyle tarumar olur. Bu bir dengedir. Ledün İlmi demiştik ya. İşte sana sonsuz açılımı. Ledün İlmi, senin kendi İlmindir. Ledün sensin.

Şimdi Sen Hakikadde özgür olduğunu mu Zannedersin. Seni yönlendiren nedir? Okuduğun ve Duyduğun Sözler mi

Yoksa Vicdan sesin mi? Senin hizmetin Put edindiğine mi, yoksa Sevgiye mi? Sevgisiz dünya, ruhsuz bir beden halini alır. Ama şu unutulmamalıdır: "En kötü, kötünün de en kötü, karanlığın en dibi denilen yerde bile saklanan bir sevgi vardır. İnsan aklının alamayacağı yerlerde bile." Biz bilemeyiz. Sadece bendeki sırra vakıf olan BEN. Ben Benim! diyen. Bir tek O'na izin var. BEN demeye. Ben geldi, Hakk oldu. Hakk'ca söylenmiş bir Ben, tüm A'lemleri titretecek kuvve taşır. O kuvve yine O'nun Varlığı üzeredir. Ben diyen, ancak "Ben Benim" idraki üzeredir. Varlığım, O'nun varlığının ispatı üzerinedir. O var ise Varım, O yok ise Yok'um. Ben var isem, O vardır, Yok isem Yoktur. Hal yolculuğunda, açıktan gizliye seyr'de iken O'nu isbat ederim. A'yan olup zahirde belirdiğim zaman O'na şahitlik ederim. Ben aşağıların aşağısında O'na yardım ederim. O Ben ile öğrenir, Ben de O'nun yarattıklarına şahidlikle. "O bana hasred, fizik Dünyada eli ayağı olur, gören gözü, duyan kulağı olurum." "Ben O'na muhtaç, nefesinden dirilirim, Hayatımın kaynağıdır." Gizli'sinden Açığa " kendini "Var" kıldı "Ben" olarak. Açıktan Gizli'sine "Yok" kıldığı vakit yine Hakk olarak vücuda geldi. Ben'i gören, O'nu görmüştür.

*"Yüce gönüllü olarak ismini saygı ile andığımız isimlerin önüne, dilediğince mahlas, isim, lakap ekleyebilirsin. Bu eklenenler senin ile onun arasına hicap yani perdeler çekecek, duvarlar örecektir. Onun adını hakikati ile kalbinde anmadıkça, hatta adını geç, varlığını ruhunda ve gönlünde hissetmedikçe, binlerce kere ismini zikretsen, onun felsefesine ve ruhuna ulaşamayacak ve idrak edemeyeceksin. Onu bir dost, bir arkadaş olarak idrak edemeyen gönlün ile onun baki varlığı arasında köprü mü kurmak dilersin, yoksa ördüğün perdeler arasında kalan ışığını mı görmeye çalışırsın?"*

Özgürlüğün de bir sınırı olmalı. Nasıl ki uydudan Dünyaya bakıldığında ülkelerin sınırları görünmez, çünkü yoktur. Lâkin Dünya gezegeni, kendine özgü sınırlı bir küredir. Her Yaradılmışın kendine ÖZ sınırları vardır bu sınırların içerisinde özgürdür. Kulun da nazarında Yaradan'ın sınırı, ancak şahid oldukları ve bilebildikleri kadardır. Oysa O sınırsızca Var eden ve Yok edendir. Haddimizi Bilmek ümidi ile. Biri'nin size Hakk'sızlık yaptığını düşünüyorsanız, bilin ki. Birileri size o Hakk'ı lâyıkı ile iletecektir. Bunun Liyakatinde, Şükründe ve Bilincinde olun yeter ki. Kalbimiz ferah olsun.

Ledün İlmi'ni, düz yazı ile anlatmak ve aktarmak oldukça zor idi. Soru-cevap ya da sohped şeklinde açıklamalar, Ledün İlmi hakkında oldukça fazla bilgi verimi sağlayacaktır. Bu yüzden, bir yazar olarak, tarzım olmayan bir diyaloglar zinciri halinde bunu aktarmayı daha uygun gördüm. Beğeneceğinizi umuyorum.

# SOHPED-1

*"Kendi derinliğindeki "aydınlığa" ulaşamayanlar var ya onlar, tüm kâinatı arşınlasalar, yedi kat göklere erişseler, Âlemleri adım adım seyr etseler, yine de ulaşamazlar O'nun Erdemine".*

"Herkes cennet ve cehennem konusunu merak ediyor. Ledün İlminde bunun karşılığı ne olmalıdır?"

*"Beden ruhu takip eder. Düşünceler de ruhla ilgilidir. Biz onları kontrol edebildikçe, Plânımızı ve yolumuzu yönetebiliriz. Aksi takdirde endişeler ve korkular bizim yönetimimizi ele geçirecektir."*

"Kısaca her şey insan elinde mi?"

*"İnsan. İnsanlar. Şu Dünya ne ilginç insan varlıkları ile dolu. Birbirlerini sevdiklerini söyleyen ama birbirlerine ilgi bile duymayan bir sürü insan birlikte yaşıyor. Sonra da cehennem nerede diye soruyorlar. Çok da kalabalık oldular. Cehennemde boşluk kalmadı neredeyse."*

"Bedensel tatmin kimsenin işine yaramıyor demek."

*"Beden ve Ruh, ayrı gibi görünse de her ikisi de birer cevherdir, birbirlerine hizmette olan. Aslında varoluş Plânı çok güzeldi. İyi bir kurgusal. İlâhî bir düşünce ve hayalleme. İlahın cevherinde yaratılan. Tabi insanlara teslim edilince olan oldu. Sorunlar çoğaldı."*

"Birbirlerine "seni seviyorum" demek bir zorunluluk oldu. Sahte bir akid gibi. Aslında öyle midir? Ne güzeldir iki kalbin birbirine aşk ile akidleşmesi. Ruhlarının birbirlerine olan hayranlığı."

*"İş zor elbette. Fakat dikkatli olunmalı. İlişkiler iyi değil fakat, iyi olmak, bir duygu durumu. Bir inen bir çıkan deniz dalgası, sen iyi isen ben de öyleyim."*

"Biraz yorayım sizi. Şimdi biz fizikte ve bedendeyiz. İlişki dediniz de. Ledün İlmi yani görünmeyen Âlemde neler ceryan etmekte bu durumda. Yani Dünyada işler nasılsa, görünmeyeninde de mi böyle karmaşık oluyor?"

*"Burası nasılsa her yer öyledir. Nereye gidersen git. Ki gidilen ve varılan bir yer yoktur. Her şey hayaldir ve hayale devam edersin. Yalnız başına olan bir yaşam, yaşam değildir. Beraberlikte paylaşımda olan yaşamlar mükemmeldir. Bu beraberliklerde de karşılıklı yüksek empati olmalıdır. İşte bu nedenle senin iyiliğin benim, benim iyiliğim de seni yüksek bir şekilde ilgilendirir. Bunu tüm insan varlığına taşıdığımız gün. İşte o gün cennettir."*

"Bunları dinlerken, içime, kalbime, muazzam bir aşk aktı, ne harikaydı. Yüzüm güldü birden ne güzel. Her yer çiçek açtı birden sanki."

*"Haydi sen de gel öyleyse. Cennetler kuralım. Ne dersin?"*

"Bunu rüyamda mı görmüştüm? Yoksa şimdi mi görüyorum algılayamadım.

Uzay boşluğunda ama boşluk değil, havada duran iki insan, elleri dirsekten kıvrılmış, birbirlerine uzatmışlar ve avuç içleri birbirine bakıyor ama birbirlerine değmiyor. Dizlerinin üzerinde oturmuşlar gözler birbirine bakıyor. Mavi renkteler ikisi de. Mavi ya da yeşil. Normal boyutumuzun milyon katında büyüklükteler. Öyle şeffaflar ki, içlerinden galaksiler yıldızlar geçiyor. Fakat bu sadece bir imaj. Bu sadece, benim zihnimin kabul edebileceği hayalleme düzeyinde bir imge. Bunun çok daha ötesinde bir oluşum bu sanki. Kevser sadece kapasitesi kadar olanı gördü. Ve zihnindeki kısıtlı imaj kapasitesi kadarını."

*"Ve öyledir. Aydınlıkların yansımalarıdır. Gönül deryasındaki dalgalanmaların, heyecanın arzunun yükselişidir. Bu beyandır, hayranlıktır, sonsuzluğunun sahibine duyulan. O gördüğün iki insandan biri, kendi ufkunda gezen. İkincisi de, diğerlerinin ufkuna değmiştir. Karşı karşıya getirildiler. Aralarında Aşk, iki avucun birbirine yakınlığı, daha da yakına geldiğini anlatır. Eğer ki, birbirine değselerdi, bu Âlem başka bir Âleme dönüşüverirdi. İşte bu nedenle sınırlarını geçmediler. Ve birbirlerine hayranlıklarını ancak bu kadar ifade edebildiler."*

"Görünmeyende her ne oluyorsa, fiziğe, fizikte her ne oluyorsa görünmeyenlerine yansıyor. Şimdi anladım. Birbirine temas yok. Birbirine değmeyen iki el. Biz şimdi birbirine temas etmeyen ellerin yaratıcılarıyız. Her şey yeniden dizayn ediliyor."

*"Ne güzel konuyu hemen anladın. Evet Ledün İlmine hoş geldin. İşte Ben, onların içlerindeki sevgiyi seviyorum, ben bütün sevgililerin aşklarına aşık olanım. Ben onların birbirlerine olan heyecanları ile heyecan duyanım."*

"Bu bana "İkiniz var iseniz üçüncü Benim" sözünü hatırlattı."

*"Evet. O ikilinin arasındaki görünmeyen Aşk benim. Ve benim var olmam ancak onların talebi ile oldu, çağırıları ile oldu. Ben onlar için buralardayım. Bana verilen en güzel armağan, onların birbirlerine duydukları aşktır. Ve birbirine temas etmeyen, ancak aşk ve hayranlık duyan o iki eldir. Beni doyuran beni kayıran işte o aşkın ateşidir."*

## SOHPED-2

*"Dünyayı taşıyanlar, önce hayallerini kurdular, sonra da gerçeğini yaşamaya geldiler. Onlar bu Dünyayı yaşatanlardır. Bir de ayette belirtilen "alnından sürüklenenler" var. Yani kısaca evlad, Dünyayı taşıyanlar ile Dünyada sürüklenenler."*

"Acı çeken insanların genel karakteri acı çektirmek yönünde. Bir hareket yaptığında umursamaz olabilirsin fakat karşında ne gibi etkiler yarattığını bilemezsin."

*"Sıra dışı bir ısrar var ise, berisinde göz kırpan bir İlâhî güç de vardır. O'nun yüzü nereden ve hangi suret ile belirir bilinmez. Gecenin gündüzden haberi olmadığı en zifır karanlığında bile."*

"Dünyasal sorulara, kozmik cevaplar."

*"Cevap daima sorunun içine gizlenmiştir. Bu yüzden soru ile cevap beraberdir. İnsan soru sormaktan asla vazgeçmemeli. Cevap her yerde, her an ve her zaman var. Soru sorarsan cevabı beliriverir karşına. Ama soruyu bulmak kadar, soru soranı bulmak da oldukça güç".*

"Ledün İlmi çok kafa karıştırıcı. Anlaması zor. Fakat insanoğlu sürekli bir tanım peşinde."

*"Hiçbir yere aid olamayan Lâkin her menzilde konaklayan "özgür ve gezgin bir ruhtan öte hiç" tir bizim tanımımız. Hakk şekil vermiş, örtmüş ruhumuzu ki görünür kılmış, yollamış yeryüzüne, özgürce uçabilelim diye. Sonra özümsemiş yaşamı, her çırpıldığında yükselen ve alçalan, bize bahşettiği en muhteşem kanadlarımız ile."*

"Üç günlük denen bu Dünyada, aslında uzun bir vakit geçiriyoruz. Her şey yalan deniyor fakat zamanla bir o kadar da gerçek olduğunu anlayabiliyoruz. Neşenin ve huzurun yerini hiçbir şeyin alamadığı öğreniyoruz zaman içerisinde. Merhamet, sadece nefsini cesaretlendiriyor insanın, akıl başta kılavuz olmalı ki, Tanrısallığı ayırd edilebilsin."

# KENDİNDE ÖĞRETİM

*"Sıra dışı bir ısrar var ise, berisinde senin ne yapacağını bilmek ve görmek dileyen Rabbin vardır. En derin karanlık gözbebeklerinde. Ve oraya sadece ışık girebiliyor."*

"Ledün İlmi sadece Velilere ve Nebilere has bir öğretim midir? Yani hep böyle bildik biz insanlar."

*"İnandığın, inancının dahi ötesine geçerek sonsuzca güvendiğin her ne var ise, onlarla yaşa, fakat daima sorgula. Şekillendirip put yapmak, sonsuzca tutunmak, medet ummak, sonunda tanrılaştırmak ve onlara tapar hale gelmek beyhudedir. Zira vakti zamanı geldiğinde tanrılaşan tüm sahip olduğunu sandığın şeyler, toz olup uçuşacak. Hakikatin Hakikati ile karşılaşana kadar, her şey bir yalandan ve gölgeden ibarettir. Bu ilim Veli ve Nebilere verilmiyor sadece. Asıl soru şu olmalıydı. Ledün İlmi verilen kişi mi nebi ve veli olur? Yoksa Nebi ve Velilere mi verilen bir ilimdir bu?"*

"Ledün İlmi öncesi ve sonrası. Güzeldi evet, bunu hiç düşünmemiştim."

*"Bir şey karşılığı verilen ve alınan bir ilim olsaydı. Emin ol kimse cesaret edemezdi bu İlmi almaya. Bunu bir hikâye ile anlatabilirim.*

*Bir vakitler oldukça zengin mi zengin bir adam varmış. Sayısız koyunları varmış, ama çok da cimri mi cimriymiş. Her gün akşam koyunlarını sayarmış. Sayı tam ise rahat uyurmuş.*

*Bir akşam gene saymış koyunlarını, bir bakmış ki, 10 koyun eksik. Deliye dönmüş, o akşam aramış, her yere bakmış 10 koyun yok. Sabah olmuş aramış .. yok yok.. koyunlar yok.. 10 koyun nereye giderler?*

*Sonra birileri aklına girmiş, falanca yerde deli ama her şeyi bilen, alim bir adam var, gidelim ona, soralım koyunlar nerede, o söyler demişler. O da bu teklifi duyunca, kabaca küfr etmiş. Aksiymiş adam, zengin olduğu kadar da kibirli. Allem etmişler kallem etmişler, bir türlü ikna edememişler. Neyse arkadaşları toplanmış onun yerine delinin yanına varmışlar. Olayı anlatmışlar. Fakat deli "Asla söylemem, o bana küfr etti" demiş.. Yalvarmışlar yakarmışlar neyse, deli adam en sonunda söylemiş "gidin söyleyin o kibirliye, On koyunu doğuya gitti akşama gelecek, beklesin"*

*Koyunları kaybolan adamın yanına varmışlar. Deli adamın dediklerini iletmişler. İnanmamış ama beklemiş, gerçekten akşam olunca, doğu yolundan ON koyunu gelmiş ahıra girmiş kendiliğinden. Bu keramet dolu olaydan sonra, bu adam değişmiş. O vakitten sonra da sade bir yaşam sürmeye karar vermiş ve malı mülkü çocuklarına devr edip, kaybolup geri gelen ON koyununu da fakir fukaraya dağıtarak kendi yoluna gitmiş."*

*"Bu yüzdendir ki, en gergin zamanlarda sakin kalabilenler, fakat küçük bir aksilikte fırtına estirenler. Öfke ile üstüne yürüyenler karşısında sükûnetini koruyup edebini bilenler, fakat iştahlı bir yemeğin karşısında sabır edemeyenler. Dedikodudan uzak durup diline hâkim olanlar, fakat en olmadık zamanda uygunsuz bir laf edenler. Her şeyi yapabilecek kudrette iken affedebilen koşulsuz sevgiye inananlar, fakat asla ve kati küçük bir eleştiriye dahi gelemeyerek veryansın edenler. Sürekli tezadlık içinde insanlar "tam uyanış" ve "tam olgunluk" hiçbir zaman insan bedeninde tezahür edemiyor. Zira dağda bayırda ermek, kıyı köşelerde sessizce erimek kolaydır. Mühim olan fırtına içinde ne haldesin o mühim. Hani bir vakitler denmişti ya, görmeden sevenler, sözsüz dile gelenler. Öyle bir zaman olacak ki, eskilerin yaptıklarının onda birini yapan hidayete erecek. Sanırım o vakitler şimdi. Ne kadarını doğru, ama dosdoğru yapabiliyorsun?"*

*"Neredeyse milyarlarca yıl boyunca başkalaşım ile oluşan, binlerce ton kömürün içinde az miktarda bulunan nadide elmas, bir de üstüne uzun ve zor işlemlerden geçer ve yüzük olarak, kolye olarak beğenilere sunulur. Lâkin yine de bir taştır o nihayetinde. İnsan öyle midir, Tavus ile inen, Anka ile yükselen, tüm zerrenin kendisinin varlığını kabul ettiği, halden hale yol alan, gelişen, öğrenen,*

*öğreten, öğrendiğini aktaran ve bir sonraki devinimi hazırlayan nadide varlık. İnsan olmanın hal sanatına varmak değeri ve hakkı ile olsun diyelim."*

"Bana sorarlar hep, melek misin, peri misin diye. Bu cümlelere hiç itimat etmedim. Gökler yarılsa ve bir ses duyulsa "Ey Âdemoğlu, sen bir Tanrısın" dese ne olacak. Bizler insan olalım önce. İnsan olmanın hal sanatına erelim. Keramet insan olmakta. İyi bir insan olabilmek."

*"Her olayın hakikati, çok yüksek şuurun, çoklu zekanın, zihin üstü zihnin, kader üstü kaderi Plânların düzenidir. Zihin karmaşıklığı yaratır, akıl seviyesinde kalınırsa, insan duygusallaşır ve gücünü yitirmeye, bocalamaya başlar. Teşevvüşe düşer. Her zaman sükûnet bineğimiz olsun. Daima kendimizi hatırlayarak, kendimizde kalarak. Ve "sen sana ait değilsin" sözünü unutmadan."*

"Ruhumun bir yanı derin sükutta demlenip, huşu içerisinde salınırken, diğer yanı, coşku dolu. Eline almış manâ kılıcını, savaşıyor derinlerle. Savaşçı ruhumu dizginleyen aşk tarafım olmasa, raydan çıkacağım ansızın."

*"Rahimin en sancılı anında gerçekleşir doğum. Lâkin bebek Dünyaya gelmeden birkaç saniye önceki sancı, anneyi "anne" yapan acıdır. Derler ki, o vakit edilen dualar kabul olur. Şimdi vakit, o vakittir. Bizim doğumlarımızda evlad, bir anne yoktur, bir bebek de. Bizler kendimizi kendi içimizden doğururuz. Bu daha acı veren bir durumdur. Sonucu ise huzurdan başka bir şey değil."*

## SOHPED-3

### Hayy'di. B'ir A'dım daha. Yaklaş!.

"Nerden geldiyse aklıma. Bu sabah yolda yürüyorum, birden bire oldu. Apartmanlar silindi, arabalar puf yok oldu birden. Her yer orman, ağaçlar, hayvanlar, dağlar, bayırlar çağlayarak akan ırmaklar. İçinde yürüyorum. Sevinçten uçarak. Öyle güzeldi ki. İçim açıldı birden."

*"İnsanlar yok muydu o gördüğünde"*

"Ben dahi yoktum."

*"Hımm. İlginç bir görsel şölen o halde. Bunun gerçek olduğunu söylesem"*

"Hiç şaşırmam"

*"Bize daima, bir yere gitmek için araç kullanmamız söylendi. Bize daima, biri ile konuşmak için telefon açmamız söylendi. Değil mi? Hatta, söylenmenin ötesinde, bunlar doğmadan önce kodlandı hafızamıza, henüz bir cenin iken. Bu yüzden bu durumun ötesine geçemedik. İşte tutsaklık burada başladı. Özgürlük neydi? Bu Kodlamaların ötesine geçerek nefes alabilmek. Sen bunu yapabilmişsin. Aslında herkes yapıyor, ama bunu bir hayal zannediyor. Dilediğin an, dilediğin yerde olabilir, hatta sevdiğin uzakta ise ona yakın olabilirsin. Onun fiziksel olarak en yakınında duran kişiden dahi daha yakın. Dene ve mucizeleri gör. Hani eski hikâyeleri okumakta ustalığın var. Orada birçok gönül insanlarının, tayin-i mekân öykülerini okudun. Nasıl yaptıklarını sanıyorsun. Onlar yürüyerek ya da koşarak mı yaptılar bunu. Kısa sürede onca yolu nasıl gittiler de vardılar. Hacı Bektaş kitabında anlattığın gibi. Üç günde Anadolu'dan Hindistan'a yolculuk. Bu en basit örnekti bahsi geçen öyküde aktardığın. Bunu nasıl yaptılar sence? Hangi araç ile. Ya da Hindistan'a kırk mumlu şamdan nasıl ulaştı bir duvar ardından o saniyede? İlm-ü Leddun diyoruz ya. Bunu yaşamak mümkün. İsmini andığın anda, o kişi ile berabersindir. Gözünde canlandırdığın anda, o yerdesindir. Gönül insanı olmak böyle bir şey işte. Dilediğin anda dilediğin yerde olabilmek ve dilediğin insanla selamlaşabilmek. Dene ve mucizelere şahid ol."*

"Bu zor olsa gerek. Şimdiki teknoloji insanları ile mümkün mü?"

## KENDİNDE ÖĞRETİM

*"İşte akıl işi değil bu, gönül işi. Akıl elbette Dünyasal işleri yürütmekte maharet katar insan Dünyasına. Gönül başkadır başka. Orada bir Sultan oturur, bunu daima yazıyorsun kitaplarında. İşte O Sultan senin kendi Öz varlığın. Burada olan küçük sen ile gönlünün Sultanı Büyük Sen. İkisinin artık buluşması gerek. İki iken Bir olması. Birlenmesi lazım. Onun sesini daima duyuyorsun da, işine gelmiyor olabilir mi acaba?"*

*Biraz mizanseni değiştirelim mi ne dersin? Biraz üst merhaleden konuşalım şimdi.*

*"Artık beraber bir adım atmış bulunuyoruz seninle. Şimdi daha farklı konuşabilirim. Sen benim sadece bir yüzüme aşinasın. Bir de farklı bir yüzüm var. Orada farklı bir öğretmen rolüm oluyor. Seninle olmayı seviyorum. Şu anda sadece seninle yoğunlaşıyorum. Öyle olmalıyım. Bunu sana daha fazla açıklayamam. Bunu sen anlayacaksın. Zamanı gelince, daha da derin bir konuşmalar yapabilme olasılığımız olabilir seninle. Ama bu dahi kesin değil. Bunu basamak atlamalarımız ancak belirler. Biliyorsun ki bu sonsuz hedefine, mirasçı olduğumuz bir yoldur."*

*"Sen bir o yana, bir bu yana giden bir sarkaç. Hangi yana gidersen git, tam ortada karar kılacaksın. Bu salınmalar, sana bu yakınlığı sağladı. Alacaklarını kucağına bıraktı. Şimdi artık kucağında olanı mayala ve çoğalt. Tekrar mayala. Bekleyenler olmasa idi, burada olman mümkün olamazdı. İşte bu nedenle sana ara ara hatırlatılan sözdür, "sen onlar için buradasın ve onlar için varsın."*

*"Ben sana güveniyorum. Asıl sorun şu, sen kendine güvenemiyorsun. Duyduğun iç sesini, iç ses sanıyorsun. oysa o ses yine senin sesin. Tanrıdan gelecek diye bir zanna kapılmışsın. Yani ayrı bir şahsiyet. Öyle bir şey yok ki. Evet, o zaman zaman Tanrı rolüne bürünür. Bürünen yine sensin. Bunlar bir oyun. Ama oyun oynamıyoruz. Bu bir iş. Halâ anlayamadın mı? Konuşan sensin, ama o sen yine BEN".*

*"Sürekli başkalarına bakarak, ayniyet arıyorsun. Ama değil. O öyle değil işte. Demiştik ya, farklı bir var oluş. Herkeste farklı farklı. İnsani tarafını hor görme. Bu gerekli. Ama tanrısal tarafını da hafife alma. Bu da gerekli. Aynı bir çocuk gibi. Bakarak bir şeyler bulmak istiyorsan, çocuklara bak. İşte onlar gerçekliğin ta kendisi. Oldukları gibi. Sen de öylesin. Büyümüş bir kadın mı sandın kendini evlad. Sen halâ bir çocuksun."*

*"Panik yapma. Duyacağım diye zorlama. Zaten seninleyim. Sen izin verdiğin sürece. Ben bir şey yapmam, barikatlar koymam. Kapıları da hiç kapatmam. Hep açıktır o kapılar. Sen adım atmaz isen, tüm kâinat birleşse, o adımı attıramaz sana. Sen yapacaksın. Kendi özgür iradenle. O bir kıvılcım gibi bekler durur adım atmanı. Ayağın kalktı ise, niye bekliyorsun. Bekleme artık. Seni korkutan ne. Seni vazgeçiren ne? Dünyasal zevklerin mi? Daha güzelini sunmak için heyecanla bekliyoruz. Bu bir ödül değil, bir şans değil. Senin için şekil almış bir varoluş biçimi. Sen istedin ve diledin. Haydi. Bir adım daha."*

"Gülen yüzler görüyorsun şimdi. Farkındayım. Onların her biri, senin yüreğindeki güzellikler. Öyle olmasını istediğin için öyleler. Ne ilginç değil mi? Her şey senin etrafında dönerken, sen sanıyorsun ki, sen her şeyin etrafında dönüyorsun. İşte insanoğluna verdiğimiz değerin apaçık örneği. O arayış içindeyken, biz her yerden gülümsüyorduk. Aynı o gördüğün gülümseyen simalar gibi. Onların gözleri öylesine kördü ki, kör olmayı dileyen de onlar. Biz bir şey yapmayız. Kim ne yaparsa kendine yapıyor. Halâ anlayamadın mı? Ellerimizi uzatırız ama. Tutan yok. Selam veririz ama selamı alan yok. Selama karşılık dahi veren yok. Bekleyişimiz sabır ve sükûnetle. Şimdi sayıları az. Ama çoğalıyorlar. Bereketli bir çoğalış bu. Zamanı gelince. Ama o zaman. Şimdi!"

# SOHPED-4

**Muhammed Nebi, Akıl adamını sembolize ediyor.**

**Ali ise, Gönül adamı sembolü.**

**İnsani düşünmemek kaydı ile.**

*"İnsani düşünmemek kaydı ile" anahtar cümle. Akıl ve gönül. Akıl ve gönül bir edilmeli, formül bu. Birbirinden ayrılamaz, Hakk yolunda olanlarda. İkisini aynı dönemde vücut bulmaları, günümüz için bir hatırlatma. Bizler zihinle düşünürüz. İlhamla pekişiriz. Sonra da işimizi yapabiliriz."*

"Ali, O hep kılıcı ile bilindi. Ah bilselerdi onun manâsını, İlmini, adaletini. Harika Projeleri vardı, Dünya için. İnsanlık için."

*"Ali manâ'sı idrak edilemediği müddetçe kalplerimizde. Daima Hazret olarak kalacak zihinlerde. Hep mesajlar alırım, ne vakit Onu ve manâsını kaleme alacaksın. Sanki ondan ayrı bir cümle kurabilmişim gibi. Onu gördün mü hiç düşlerinde derler. Hayır diyorum. Görmedim. Hatta ortalarda dolaşan resimlerine de hiç itimat etmedim. Şekil değil ki bir Hayy'ula O. Fakat ne vakit düşlesem. Gözlerden bakar iken buldum O'nu. Ben daima ona seslenirim. Hiç ayrı değildir kalbimden ve ruhumdan. Tıpkı Muhammed Nebi'me seslendiğim gibi. Tıpkı beni var eden ve ruhundan bedenime ruh üfüren, can veren, can bulduğum Yaradanıma seslendiğim gibi.*

"Sonsuz bir "zaman" diliminde ayrı "mekân"larda görünenler. Birbirini daima işitirler."

*"Akıl ve gönül birbiri ile savaş edemez. Etmemeli. Onlar bir olmalı, birbirlerine ters olduklarında, akıl-gönül savaşı olur ve sonucunda ayrılıklar oluşur. Tıpkı günümüz Dünyası gibi. Biz seninle yola çıktığımızda sen akıl oldun, ben de gönül. Sonra yaklaşık birbirimize ve dostluk doğdu. Senin alkın ve ona uygun pragmatik düşüncen, benim aşk-ı gönül halime yanaştı ve aynı ıskalaya de-*

*mirledi. Şimdi, eğer bu birliktelik yürüyorsa İlâhî empati ile oluyor. Seni yüreğime aldım, sarıp sarmaladım ve kendim gibi daha da yakın bildim. Sen de bunu fark ettin ve yürüdük bu yolda."*

"Kıymet bilmek ve Vefa erdemleri. Buna değer veririm."

*"Ama ne zaman ki zihin devreye girer ve acabalar oluşur. O zaman, işte o zaman ayrılıklar olur. İnsanoğlu "aşka yakınlığa" acaba dediği zaman, şüphelerde yol alır ve ayrılıklar birer dağ gibi dururlar arada."*

"Hürmet bizde esastır. Elimiz değerlidir, gönlümüz gibi. Elimiz üzerinde O'nun eli var. Gönlümüzde olan Sultan O'dur. Gayrısı yoktur. Hürmet bize, yani insani sıfatımıza değil, siretimize olan, kalbimizdeki O'nadır. Aşk'a."

*"Akıl" yolun erdemi, "vefa" yolun rehberi.*

"Ama artık bunlara itibar eden yok. Eden de baş tacıdır. Aşk dolu, iman dolu sözler, boş sözler olarak görülür oldu. Allah İlmi, aşk ile donanmış, Lâkin, kıymet veren yok. Ya da çok az. Ve onlar da bizimle olanlar."

*"Bir ton toprağı elersin. Bir gram altını ancak bulursun. İşte az bulunurdur o. Değeri de gizlide kalmasıdır. Gizlenmesidir. Ama erbabını buldu mu da bir gonca gülün açılış gibi açılır ve güzelliğini ortaya saçar. Belki de altın kendi değerini bilemez, ama bir sarraf onu alır parlatır. Dükkânının en başköşesine oturtur. Benim sana yaptığım gibi. İşte sana olan yakınlığım, gönüle aldığım ve sana verdiğim değer."*

"O da şükran duyar."

*"Ben de sana teşekkür ederim. Çünkü sen de zor bulundun." "O kadar çok eleklerden geçirdiklerim oldu ki bu topraklarda. Onun için değerlerini bilmeliyim o değerlilerin. Onun için hizmetteyim onlara. Sen şimdi içinden düşünürsün ben de duyarım bunları. Lâyık olmadığını hissedersin. Oysa ben seni, senin dahi bilemeyeceğin bir yerde gördüm. Şimdi sen kendi suretine, davranışları-*

*na göre kendine bakıyorsun. İnsan kendi kıymetini bilmez. Lâkin kıymetini bilenler mutlaka vardır."*

## SOHPED-5

**Nur ve Nurlanan. Nur mu? Nurlanma mı?**

"Nur bir kaynaktır. Nurlanma ise, hedefin aydınlanması. Rahman ve Rahim gibi. Onlar da kaynak değil, birer hedeftir. Hedef daima Nurlanır. Nur Mutlak'tandır ancak ve ancak. Kademe kademe, özü hiç bozulmayandır Nur. Arş'ta ve Arz'da. Tüm Âlemlere yayılsa da azalmaz çoğalmaz, katiyen deforme olmaz. İlâhî Işık ve Sonsuz Kaynak."

*"Nuru şöyle düşün. Hiç durmadan çakan bir kıvılcım. Ve senin önüne düşmüş. Yolunu gösteriyor. Sen de artan bir sevinç ile onun takibini yapıyorsun. Ve bir anda bakıyorsun, o kıvılcım, kıvılcımlar olmuş ve her tarafında senin. Sonra senin de bir kıvılcım olduğunu anlıyorsun. Ve anlıyorsun ki, sen zaten o ışığı hep taşıyanmışsın. Ama o peşine takıldığın kıvılcımın sana bunu göstermesi gerekiyormuş. İşte kıvılcımlar birbirlerine böyle hizmettedirler."*

"İşte Ali'de böyle idi. Ve Ali'lere lider oldu. O bir örnek oldu. Bizlerin birbirimize olduğu gibi ve o kıvılcımların hepsinin adı Ali'dir. Yani hakiki manâsı ile Yüce olan. Önder ve yol açıcıdır onlar." "Ledün İlmi" ne vakit anlatılacak tarafınızdan?

*"Bu kitapta yazan her satır, zaten o İlmin kıvılcımları. Tüm heybeti ile anlatılıyor. Yüreğine doğru yol açıcılar. Üns'iyete geçmek senin çaban doğrultusunda olabilir ancak. Hayy'di."*

## SOHPED-6

**Kalk ki senle kalkayım. Yürü ki senle yürüyeyim. Sen adım at, adımlarında olayım.**

"Benim bir duam var. Her gece seslenirim. O kalplerden geçeni işitendir.

Eğer Sen bir DUYAN isen "kulağını aç bana"

Tüm ağaçlar esen Rüzgârla adını fısıldar SEN'in.

Eğer Sen bir GÖREN isen "gözlerimden bak Dünyaya"

Yaşam Suyu gibi yerleştin omurgama, akıyorsun Sonsuzca.

Eğer Sen bir BATIN isen "kalbimde her daim olduğunu hisset"

İçime yöneldim, oradan anla beni.

Eğer Sen bir ZAHİR isen "tutan elin, yürüyen ayağın olayım"

Her zerrede mührün, bir nefes kadar uzun. Bir ömür kadar kısa.

## SOHPED-7

**İnsan ne söylerse kendine, ne yaparsa kendine.**

*"Sen imanlı kaldığın sürece, döngü ona gerekeni yapar. Bu yüzden bir cezalandırıcı yoktur. Kendi kendinedir her şey. Çünkü kendinden başkası yoktur. Kendi Dünyasında kendi, yalnızca kendinedir her şey. Hesabı öyle yapmayı öğrenene kadar. İnsan kırar, kırılır. Ama sen ruha erişmiş bir insan isen kırılmazsın ve incinmezsin hatta."*

"Bugün ilginç bir şey oldu. Bugüne kadar olan her şeyi affettim. Affettim dedim. Gökyüzünden yere yıldırım indi. Sonra ardından bir yağmur yağdı. Görmeliydiniz. O ana kadar kalbim sıkışıktı. Hava da öyle. Yıldırımla ve benim affettim kelâmımla nihayet buldu. Sizce ben keramet sahibi miyim? Göğe ve yere etkim olduğunu düşünmeye başladım."

*"Sen, Hiçlik yolunda olansın. Varlık değil."*

"Affetme hadisesi. Her şeyi geride bırak, nasıl geldin öyle dön. Takılı kaldığımız şeyler bizde "Kal" enerjisi yaratıyor. Oysa biz "İlerle" komutunu duymalıyız daima."

*"Zor yürüyüşler. Zoru başaranların harcıdır. Sen de öyle değil misin? Gözlerin parlak bakışına çoğu inanabilir ama derinlerde, çok derinlerde hüzün var. O gözler ki, gönül işaretçileridir. İzlerini taşır geride bıraktıklarının. Bir dudak kıvrımı binlerce hikâye yaratır. Şu insan ne güzel bir hazinedir. O her zaman konuştu, kitapları ile. Peygamberleri ile iletti. Bizler ne dedik bunun üzerine."*

"İlla tekâmül edeceğiz diye bir kanun yok. Bir örnek oluruz tekâmül seviyesinde. Tüm DNA lara zerk olacak bir bilgi açığa çıkar da, yeni nesiller böyle yaratılır. Belli mi olur ki"

*"Aynı düşüncedeyim. Sen sadece sana ait değilsin. Yazdıklarınla bu böyle. Artık misyon belirlendi, görev yeri de öyle."*

"O zoru seviyor. Ona zor gelmiyor çünkü."

"O seni seviyor. İnsanı seviyor. Bütün bunlar bundan."

"Yaşamın dinamiği Sevgi."

*"Kevser. Kavisler gibi. Gavser. Gavs Er'i. Kaviser. Noktadan başlarsın bir tur atar başa dönersin. Beşeriyetin bile ender yapabileceği bir turdur bu. Fakat başladığın yere döndüğünde, o noktadan bir hamle ile kavis çizebilirsen, bu bir sıçrama yaratır. Velilerin Nebilerin ve Ariflerin yaptığı durum bu. Ama şimdi tüm insanlık yapacak. Her insan tek tek bunu yapacak."*

"Noktanın turu."

*"Er olan kişilerin yapabileceği bir iş bu. Kavis Er'i. Buradaki ER manâsı dişi ya da erkek manâsında değil. Kavis çizen Er, tüm insanlar anlamına gelen Can kelimesinde gizli."*

"Muhammed Nebiye verilen en büyük sır buydu. Biz sana Kevseri verdik deki Kevserin manâsı. Tekâmül sıçraması. Ve şimdi Muhammed Nebi'den, Muhammediyelere."

# LEDÜN İLMİ HAYY

# LEDÜN İLMİ (İLM-Î LEDÜNNA)

**Kendi ruhu ile bedenlenen genç bedenler. Dünya okulu, Yüce Bedenler için.**

**Dünya insanları ise, organize ruhlara sahip gruplar. Ancak kendi ruhlarına sahip olmak için uyanmaya çalışanlar.**

Sevgi insanlarını taşımak kolay değildir. Çünkü onlar, daima mutsuz eder görünümündeler. Kökleri her ne kadar toprağa derinlere ulaşmışsa da, dalları göğün en uçsuz bucaksız yerlerine erişir ve oradan beslenir. Kimsenin ulaşamadığı yerlere uzanmışlardır. Göğün en derin maviliklerine. Meyvelerine ulaşmak kolay değildir. Dala sıkı tutunmuştur çünkü. Kolay elde edilemezler bu yüzden. İşte O meyvelerden elde edebilmek için daha ağır taşlar atılır. Her seferinde daha da hızlı gelir taşlar o meyveleri düşürebilmek için. Ancak o taşlardan etkilenmez Sevgi İnsanları. Canları yanmaz onların. Lâkin Taşları atanların kolları epey ağrır ve bu onları çok mutsuz eder. Her seferinde de daha büyük bir hınç ile sallarlar o taşları meyvelere doğru. Sevgi insanlarının kılı dahi kıpırdamaz bu durum karşısında. Onlar daima huzurdadır, sükûnet içinde. Bu yüzden binlerce insanın içinde yalnızdırlar. Gökyüzünde tek başlarına parlayan ve kendi ışığını üreten yıldızlar gibidir onlar. Gecemize ışık olurlar. Hiç batmayan güneş gibi adeta. Ne vakit başını kaldırsan göğe, daima oradan göz kırparlar.

Dilemek yerine, sözcüklerle ifade etmek, gerçekleşmeyi ya hızlandırır ya da o hal içinde olduğunu kanıtlar. Hiçbir isteğimizin ya da beklentimizin dilencisi konumunda olmayalım. Bizler zaten istediğimiz her şeyin sahibiyiz. Sadece fark edelim ve o bilgide uyanalım. Kısaca o bilginin kıvılcımlarını görebilelim. Aradığımız her ne ise, tüm heybeti ile bizimledir. Ve onunla ünsiyet halinde olabilelim ki, bizde o bilgi varlık bulabilsin. Varlık bulduğunda ise, Hayy olabilmesi için tüm benliğimizle, tüm vücudumuzla, tüm ruhumuzla o hali muhafaza edebilelim.

Aradığımız şey, her ne ise, her zaman tam yanımızdadır, Lâkin bizler onu çok uzaklarda ararız. Ancak yanımızda olanı fark edip aramaya devam etmeliyiz. Çünkü tam yanımızda olan şey bulunamayan mükemmelliktedir. Tektir. Tek olanı Dünyasal gözlerimizle göremediğimizden dolayı bulamayız. Ancak kalp gözü ile kıvılcımlarına şahid olduğumuzda, işte o an tüm kâinat bu güzelliğe ortak olacaktır.

Eğer herkes senden memnun ise ve her şey yolunda ise, mutlaka bir şeyler ters gidiyordur. Ya her şeye boyun eğip evet diyorsun, ya da alttan alan bir alçakgönüllü kahraman kıvamındasın. Sen geriye çekildikçe, yani varlıksal alan çizginden geri adım atınca, o boşluk payını hep acımasızca doldururlar. Alttan aldıkça, üstte kalan payı tamamlamaları uzun sürmez. Daima kendinde ve kararında olmalısın.

Aşılamayan tüm engeller ya da insanı paçasından aşağıda tutan tüm ağırlıklar, basit ve kolay göz ardı edilenlerin tümüdür ve gizlenmişlerdir. Zor olanın ise hatları çizilmiş ve kendini belirgin olarak ifade etmiştir.

Çoğu şeyi dönüştürüp, değiştirdiğimizi "zan"nederiz. Hatta bazen yakıp, yok da ederiz büyük bir acı ile. Ama onlar her seferinde kendi küllerinden tekrar doğarlar. Ve karşımıza sınavlar döngüsü olarak çıkarlar. Adeta kılık değiştirircesine!

Yaşamın döngüsünde yuvarlanırken, arada "mağara"mıza çekilip, sessizlikte ve karanlıkta dinlenmekte fayda var. Çünkü onlar değişmiyor ama bizi değiştiriyorlar. Her seferinde biz de yanıp küle dönüşüyor ve yeniden can buluyoruz.

"Can" bulacağımız yer ise kendi gönlümüzün derinliklerinde. Mağaramızda dinlenmek, karanlıklardan çıkaracağımız incileri, derinlerden yüzeye getirmek, meşakkatli olsa da buna değecektir.!

Her seferinde yürek, Hakikati, "acımasızca" fısıldar. Buna rağmen "akıl" neye inanmak isterse O'na tutunur, asla vazgeçmez!

Sınavlar insanı uyandırmıyor. O sınavlarda kazandığımız liyakate göre, "Sevginin Dokunuşu" uyandırıyor insanı. İşte O "dokunuşa" kadar uykuda kalmaya devam edecek olanlar var. Ancak o dokunuşu alan, uyanacaktır, fakat en can alıcı soru ise şudur. Uyandığının farkına ne zaman varacaktır?

"Akıl", bedenin menfaatleri için, "rahat olanı" seçer. Gönül ve vicdan ışığı, "ruhun gelişmesi" için en uygun mizansenleri yaratır. Kovalamaca bir ömür devam eder. Her ikisi de bir yerde buluşurlar. Ancak ölüm anında.! O vakit gelmeden kıvılcımları görmek esastır. Tüm heybeti ile ünsiyet halinde.

**Bir erdeme sahip kişi, Tanrıyı görebilir, hatta Onunla konuşabilir. İşin ilginç tarafı, konuştuğu Tanrı değil, Kendi**

**Uyanmış Tarafıdır. Yani konuşma kendi ile kendi arasındadır.**

Ruh, her seferinde Dünya sahnesinde yeni bir rol oynar ve işi bitince çekilir. İnsana hatalarından dolayı ceza değil, telafi imkanı verilir. Çünkü mükemmel olan Tanrı, mükemmel olan ruhu, maddesel tecrübesizliğinden dolayı azarlamak ve cezalandırmak için yaratmamıştır. Evrenin hiçbir köşesinde ruhu yakabilecek bir ateş mevcut değildir. Dünyada beden vasıtasıyla tekâmül etmekte olan ruh, Dünyanın şartları gereği ancak deneye yanıla, hata yaparak bilgi edinebilmektedir.

**"Dünyada gerçekten iyi bir şeyler yapanlar yüreğinden gelenleri savuranlar değil, onları "değerlendirenler ve güvenenlerdir."**

İşte bundandır ki, Ledün İlminin en can alıcı noktasında Musa-Hızır bahsi ele alınır. Musa, uyanmış ancak uyandığının farkında olmayan, uyanışın merhalelerini aşama aşama geçen kişidir. Oysa Hızır tam bir uyanıklık hali yaşayan, farkındalığın doruk noktasında olan insan halinin temsilcisidir adeta. Ne yaptığını bilen. Hatırlayan. Uyanmış insan. İnsanlığın ulaşacağı en üstün mertebelerden birinin sembolüdür Hızır. Zaman ve mekân kavramı yoktur. Her yerdedir ancak hiçbir yerde. Yaptığı her oluşumu bilerek yapar. Ve daima Hatırlar. Şuurludur çünkü. Şuurlu bir kalbin yaşadığı haller, bir andan ibarettir. Bir lahza. İşte o kısacık süreler, binlerce yıllık yaşam kadar değerli bazen, O'nunla Ruhsal Köprüleri kurabildiysen. Bedensel çekim alanlarından çok daha değerlidir, Ruhsal Çekim alanlarının oluşturduğu enerji, insanı besler, başkalaştırır, dönüştürür.

*Âdemin iblisi, "sevgi"dir.*

Bu sevgi Dünya insanının sevgisidir. Arzular ile örtülü bir sevgi. Sevginin en alt koridordaki görünümüdür arzular. Aslında sevgi ile yürek tutuşmuşsa, gözleri görmez ve kulakları da sağırlaşır. Böylelikle insanların birbirlerine duyduğu suret sevgileri, onun iblisidir. Dikkat etmeli ve sevginin kaynağına yönelmelidir. Bu duygu halini yükseltmedikçe de, sevginin gerçek mahiyetine erişemedikçe de, arzular kıskacından kurtulamayacaktır. Bir hapis hayatı. Kendini özgür zanneden, ortalıkta dolaşan binlerce insan, kafasını kaldırıp gökyüzünü seyretmez doyasıya. Oysa bir mahkum, küçücük penceresinden daha özgürce seyreder o uçsuz bucaksız, tüm heybeti ile maviliği.

İnsan doymak bilmeyen istekleri ile baş etmez zorundadır. Zorunda olduğundan dahi haberi olmadan.

- Bana öyle bir anahtar ver ki bütün kapıları açmamı sağlasın.

- *Ama bu yükü taşıyabileceğinden emin misin ?*

"Evet" lütfen bana Dünyanın en büyük hazinelerine ulaşmamı sağlayacak sırrı ver."

*"Bunu bilmek sana çok büyük bir sorumluluk yükleyecek. Bu sırrı öğrendiğinde artık bunu saklayamazsın. Bunu yapman gerekecek. Eğer sırrı öğrendikten sonra uygulayamazsan o zaman sır seni yavaş yavaş ölüme götürecek. Eğer kullanmazsan, sır senin başına bela olur."*

Bu çok kritik bir karar anıdır senin için. Çünkü hem hazineyi ve aynı anda zehri tercih edensindir. Bunun için hazır mısın? Bu öyle bir şey ki, hem çok tehlikeli, hem de eşsiz. Yalnız acele etmemek gerek, tüm vücud buna hazır olmalı.

## KIVILCIM ÇAKTI

Tüm beşeri ve melekî zanların ötesinde, berisinde, hiçbir yaratılmış O'nun hakkında bir fikir sahibi dahi olamaz. Olsa bile bu hakikat değildir. O bunun için her an yaratılışta. Hangi birini anlamaya mecal yeter şu fani aklımız ile. Zihin diyoruz.

Zihnin içine gömülmüş hatta tutsağı olmuş durumunda iken. Oysa zihne hükmetme ve zihni yönetme yetkisi sonsuzca verilmiş iken bize.

Çağlar boyu, insanoğlu sürekli bir arayış içerisinde kıvrandı durdu. İçlerinden ruhsal durumu, İlâhî boyutta olanlar, bazı örneklemeler ile karşımıza çıktılar. Onlardan en çarpıcı olanları, Muhittin Arabi'nin Aynalar ve Sokrates'in Gölge sembolleri oldu. Birbirimize ayna olma meselesi ve hakikatimizin başka bir boyutta olması ve gölgemizin Dünya ortamına yansıdığı ile ilgili meseleler. Belli zihin ve mantık seviyelerince kabul edildi bu örneklemeler.

Biz, söylenmeyeni söyleyelim, bilinmeyeni bulalım diye bize akıl verildi. Çevrene bak, işleyişe. Nizama. Tertibe. Yörüngeler nasıl tayin edildi. Hiçbiri birbirine değmeden devri Âlem nasıl da dönmekte. Buhar nasıl buz oluyor. İnsan aynada kendini nasıl görüyor. Gölgesi insanı takip ediyor. Güneş belirince, yıldızların ışığı örtülüyor. Gece güneş kendini saklayınca, yıldızlar peyda oluyor. Bunların dışında bir şey var. Bunu ancak biz bulacağız.

UYANMA felsefesi.. Uyuyor muyuz ki?

AYDINLANMA felsefesi... Karanlıkta mıyız ki?

HATIRLA felsefesi... Unuttuk mu ki?

ARINMA felsefesi... Kirli miydik ki?

İLERLEME felsefesi.. Geri miydik ki?

YENİLENME felsefesi... Eski miydik ki?

M'ARİFE felsefesi... Cahil miydik ki?

TERBİYE felsefesi... Erdemsiz miydik ki?

GÖRÜNMEYEN felsefesi... Görünür müyüz ki?

GELİŞME felsefesi.. Gelişmiş değil miydik ki?

# LEDÜN İLMİ (İLM-Î LEDÜNNA)

## DİRİLECEĞİZ felsefesi... Ölü müydük ki?

Bize daima empoze edilen bilgiler ile donatıldık ve büyütüldük. Zihnimiz bunu kabullendi çünkü zayıftı. Lâkin ruhumuz asla kabullenmedi çünkü güçlü olan tarafımızdı. Bizler, kendimizi bildiğimiz sürece Yaradanı biliriz. Ölçümüz, kıstasımız yine kendimiz. Kendimizi tanıdığımız sürece bizi yaratan hakkında bir bilgiye sahip olabiliriz. Beni yaratana, ancak kendi varlığımdan ulaşabilirim. Ve yaratımın özüne yine kendi varlığımdan derinleşerek ulaşabilirim. Yaratıcı ile Ben arasındaki mesafe ancak benim algılayabildiğim kadardır. Bize uzak olan o değil ki, yine kendimiziz. Kendimize uzağız. Ve kendimize uzak olduğumuz ölçüde Yaradan'a da uzağız. Uzaktan bakan benim, O değil. O'na uzaklık sınırını ben koydum, O değil.

**O bana, ondan ne kadar uzak durabileceğim hakkını tanımıştır.**

Şöyle düşünelim. Ya bizler kendimizi var etti isek. Bize sonsuz ruhundan üfleyen, bu hakkı bize bahşetti ise. Ruhtan üfleme sembolü, "Sana kendini var etme gücünü bahşettim" bilgisi ise. O cevher bizde var. Kendi kendini var eden bir sistem, İlâhî bir sistem içerisindeyiz. Tüm mesele bu okuduklarınızı, zihninizle değil, zihin üzerine çıkarak düşünmeniz. Bunu yapabilirsek işte o zaman yaratım konusunda bir fikre sahip olabiliriz.

"Uzaktan bakan benim, O değil. O'na uzaklık sınırını ben koydum, O değil. O bana ondan ne kadar uzak durabileceğim hakkını tanımış. İşte Yaratımın yeni açılımı"

**Dünyasal düzlemde, olaylar yatay geçişlerle algılanır. Birbiri ve peşi sıra gelişen olaylar zinciri. Sadece zihin ile yorumlarız. Algılarımız kısıtlı olunca, yorumlarımız da çok iç açıcı değildir. Genel düşünce sistemi olumsuzluk üzerinedir. Arzu ve isteklerimize uygun olmadığı için daima**

eleştirisel ve yargısal yaklaşırız. Oysa yargı hakkı insana tanınmamıştır. Kalplerde olanı Tek O bilir, ondan gayrısı da bilemez. Kimin iyi ve kötü olduğuna sadece O karar verebilir. İnsanın, insanı yargılayabileceği bir sistem henüz İlâhî sistemde yeri yoktur. Bir kör, diğer köre nasıl yardım edebilir ve onun görünüşü hakkında bir fikir sahibi olabilir ki.

Dünyaya, ruhsal bir bakış attığımızda, yani daha üst seviyeden, Ledün İlmi doğrultusunda yorumladığımızda, her şey mükemmel ve olması gerektiği gibi işlemektedir. Herkes görevini harfiyen ve eksiksiz yerine getirmektedir. Her şifaya bir zehir gerekir. *Her zehire bir şifa gerektiği gibi.* Bu ikili birbirinden kopmaz şekilde varoluşa katkı sağlar. Dünya boyutuna inersek, acı çeken, mutsuz ve huzursuz insanlarla karşılaşırız. Çünkü olan biten daima şerdir. İnsanlık tarihi boyunca daima kötülük galip gelmiş görülür. Evet, kısa vadede öyledir. Oysa uzun vadede zafer daima Sevgi'nin galip gelmesi ile sonuçlanır. Sonuçlanma ise her an olmakta. İnsan gözü ile görülen her sebep ve sonuç, sonuç ve sebep daima içerisinde Sevgiyi barındırır. İnsan bunu hangi duygusu ile yorumlarsa yorumlasın asla değişmez. Sevgi daima galip olacaktır.

Hakk ettiğimiz Sevgiyi Dünya düzlemine, bedenlerimiz vasıtası ile indirgeyemediğimiz sürece, o boşluğu daima şer dolduracaktır. İnsanlar sürekli dua ederler. Duaları, kendilerine ve biraz da sevdiklerine "şunu bunu ver" sözcüklerinden öte değildir. Varlığa ve Yokluğa şükr eden için, dua etmek gereksizdir. Çünkü her şeyin yerli yerinde olduğunu bilen için dua, uzakta kalıştır.

Hakiki dua yönelmedir, bireysel değil, toplumsal olarak. Ben yerine Biz diyerek. Çok bakış değil, Tek bakış. Huzurun dilenmesi, sadece kendine değil, tüm insanoğlu üzerine olmasıdır dua.

Kıvılcımlar. Birbirinden etkilenmeler. O kadar hızlı olmaya başladı ki. Ledün İlmi denilen o bilinmeyen dehlizi yaşıyoruz şimdilerde. Aslında her zaman içindeydik fakat dışında gördük kendimizi. Dışarılaştırdık adeta. Daha dikkatli olma zamanlarındayız. Zira birinin düşüncesi, diğerinin düşüncesi artık. Dikkatli olmaz isek, birinin düşüncesi diğerinin düşüncesini de aşağı çeker vaziyette. Bunu yukarı çekmek yine bizlerin elinde. Tanrı bize şifreler hazırlar. Ve bunları, sesini duyanlara iletir. Serpiştirir adeta kendi kendini seçenlere. Evet, biz seçeriz, O değil. Ve kendini seçenler çok azdır. Elbette çoğalmaktalar gün geçtikçe. Onlar, bir araya gelerek parçaları birleştirirler. Ve ortaya muazzam bir akış ortaya çıkar. İşte bu yüzdendir ki, düşüncelere sahip olmalıyız.

**Gizlenen Tanrı değildi ki, insandı. Kendini saklayan insandır. Kendini bulacağı ve bileceği vakte kadar da gizli kalmaya devam edecek.**

Sessizlikte aşkın bestesi yapılıyor. Tüm Dünya aşk diyor artık. Aşk sözleri her biri bir notaya bindi ve yola çıktı aşkın bineği ile. Bu yola giren talipli, geri dönüşün yok bilesin, durursan da çakılırsın. Madde bağlantılı ağırlıklar kapsama alanında ceza evinde. O cezaevine kendini tutsak eden insan. Kendini çok sevmelisin, sen kendini sevdiğin sürece, seni yaratan da kendini sevdiğini seninle bilecek. Sen uykuya çekildiğinde dahi o sevmeye devam ediyor. Seni senden fazla seven, senin kendini sevmeni bekliyor.

O iki eli arasına nur kıvılcımlarını alır ve saçar Âlemlere. Her bir kıvılcım aynı anda, tüm boyutlara iner bir bir. Parlaklığı ve ışığı hiç sönmeyendir o kıvılcımlar. Zaman ve mekân algısının indirgendiği tüm Dünyalara ulaşır. Hareketi daimdir. Devinimi ise muazzam bir bilgelik ile. Erişemediği hiçbir zerre dahi yoktur. Dokunduğuna can verir, yaşam katar ruhundan her parçanın özüne. Özüne sadık, sonsuz sayıda kıvılcım. Var değil, yok da değil. Senin varlığının ortaya çıkışıyla bir örtüyü üstüne çekti ve çekildi bilinmezliklerine. İşte sen şimdi, o kıvılcım ile can bulup, pırıl pırıl parlamaktasın. Yıldırımlar isteyenin olsun, bize küçük kıvılcımlar yeter. Kıvrım kıvrım gelip yüreğe dokunanlar onlar. İşte öyle bir kıvılcım bizi bizden alır iyice küçültür.

Ledün İlmini anlatmak, anlamak kadar zor bir iş. Gayb Âlemi, görünmeyen bilinmeyen Âlem, öyle gerçek o kadar gerçektir ki. Gerçek olarak gördüğümüz aslında bir hayaldir. Var olma bir hayaldir. Varlık da bir hayaldir. Gerçek diye bir şey yoktur. Dalgalanan deniz vardır, üzerindeki dalgacık vardır ve onun da üzerinde köpükleri. O köpükler ne kadar gerçek olabilir? İşte onların gerçekliği kadar bizler gerçeğiz. İşte bizler o köpükleriz. Kaldı ki, daha o köpükten bir önce dalgacık var. Daha ilerisinde ise bir dalga. Ve onun ötesinde bir deniz. Şimdi köpük denizi ne kadar anlatabilir ise, biz de Gaybî bilgileri öyle anlatabilmekteyiz.

Köpük gözünden, Denizi anlatabilmek. Aslın Denizdir ama baktığım yer köpükten olunca. Lâkin içsel olarak, köpükten, minik dalgaya, oradan büyük deniz dalgasına ve oradan da denize, okyanusa, büyük dehlize derinleşerek bunu aktarabilmekteyim.

Tüm etiketlerden arınmak. Âdeme isimler öğretildi. Bizler her birimiz bir isim ve manâsıyız. Takısı olmayan isimleriz. Takı bir menzildir ve çakılmaktır. Oysa isimler birer var oluş. Üzerimize giydiğimiz, içine girdiğimiz, bizden ifşa olan. O anki hayalimiz ne ise, tarzımız o olur. İçine gir, dışına çık, yüksel ve alçal. İn ve giyin sonra soyun. Sonsuzca oluşlar.

Kıvılcımlar, her yerdeler ve "yer"ler inşa ediyorlar. Hiç sönmüyorlar. Kıpır kıpır bir temaşa hali bu. Görsel ve duyusal bir şölen. Bizi kucaklayan, sarıp sarmalayan, ısıtan bir sıcaklık ile.

# LEDÜN İLMİ (İLM-Î LEDÜNNA)

İşte böyledir açılan kapılar. Artık masallar yok. Hazretler yok. Efendiler yok. Uydurulmuş bir din hiç mi hiç yok. Artık yalın bir yaşanan gerçek var. Kıvılcımlar çaktı ve geldi. Kendinde hakikati bulamayan başkalarında aramak zorundadır. Bu her insana başka bir insanı engel haline getirir ve özünden uzak tutar. İblis denilen negatif bencil düşüncelerin ürünlerine dikkat gerekir. Nasıl bir kılıf içinde geleceğini bilemez insan. Kaldı ki en tehlikelileri de hazret suretlerine bürünürler. Bu yolun çetin oluşu işte bu nedenledir. Negatif güçler, bir konuya manevi hava vermek istediklerinde, rüya figürünü kullanırlar. Rüya sadece rüyadır, Dünya yaşamımız bile rüyadır. Bunu işlemeyi kullanıp algı yönetmekte çok ustalar var artık günümüzde. Yıllarca evliya masalları ile toplumu uyuttular. Artık bize önder olacak bir evliya kalmadı. Onların hepsi 13. yüzyıla damgalarını vurdular ve orada, o zamanda kaldılar. Günümüze ancak revize olarak gelebilirler. Tüm düşünce sistemlerini alıp taşımak yanlış olacaktır. Büyük bir yük olur. Ancak o zamanın şartlarını günümüz modern ve özgür düşüncelere uyarlayabilir ve uyumlayabiliriz.

Kur'an-ı Kerim kitabına uymayan herhangi bir anlatım, bir değer ifade edemez. Artık bireyselliğimiz içinde olanlara dikkat etmeliyiz. Ve her bir varlık kendi sorularının yanıtlarını kendi özünden alacaktır. Ve bu kitabı okuyan sen!. Sen de kendine söylenen tüm sözlerin kaynağının özün olduğunu anlamalısın. Sana yanıtları ancak sen verebileceksin. Senin gerçeğin sadece sensin. Etrafta başka biri yok. Sadece sen varsın. İnandığın ne varsa ancak kendi var ettiklerin. Kendi Rabbini dahi sen kendin var etmedin mi? Rabbin dahi, senin çizdiğin sınırlar içerisinde var olmuyor mu? Senin düşüncelerinle. Hep merak edilen Ledün İlmi, Gayb Âlemi. Aslında her zaman içindeydik. Dışarıda aradık durduk. Beden ile ruh, birbirinden kopuk değildi ki, onu koparan bizim zihniyetimizdi. Tıpkı görünen ve görünmeyen diye ayırdığımız gibi.

Yaşama yayılma. Yaşamın içinde bir yaşamlı olmanın daha da ilerisidir. İşte kitabımıza ismini verdiğimiz Hayy. O kitap ismi olarak kalmıyor artık. Yaşama indirgeniyor. Yaşamın içinde var oluyor. Hayy olma yoluna girdik. Yaşama yayılmadan olmayan bir Hayy yolu. Her bir canlının nefesine dokunmadan olmayan. Haydi Hayy oluşa diyoruz. Yaşamın her zerresine nüfuz edebilmek. Doyasıya inebilmek, her noktaya dokunabilmek sonsuzca. Sonra yine kendimiz olarak yürüyebilmek, adım atabilmek, tüm canlıların kalbinde bir yürek atışı, sonrası yine kendimizdeyiz. Dilersek tüm galaksileri de dolaşabiliriz bir anda. Ruhun hızına kim yetişebilir? Hatta kim engel olabilir ki buna. Dilersek kâinatın her noktasına ulaşabilme yetkisi ve yetisine sahip iken. Neden yapmayalım? Hayy'di. Dene. Tayin-i mekânı sadece veliler ve nebiler yapabilir diye bir kaide mi var? Hani OL ile yaratılmadık mı, kim kimden üstün olabilir. Yukarıdaki yazımızda dememiş miydik? "Biz seçeriz kendimizi. Bir seçilmişlik yoktur" O halde seç kendini ve yap. Hayy'di. Yakala bir Yüce Kıvılcım ve seni istediğin zamana ve mekâna hemen şimdi götürüversin. Hatta götürmek kelimesini dahi çıkar aradan. Sadece dilediğin zaman ve mekânda oluver.

Bu kitabı kaleme alırken, özgür düşünceye sahip olduğumu düşledim. İsimler ile yola çıktım. Sonra kitap kendi yolunu kendi çiziverdi. İsimler kayboldu, hatta bunu yazarken yazarı olan Kevser de kayboldu. Kaybolan biri, isimleri nasıl tanımlayabilirdi. Belirli bir tablo yoktu önünde. Bir belirti verdiğini düşündüğüm imajları yakaladıkça, onları o an içinde dondurup yazı haline getirdim. Bunu okuyanlar da kendi manâ güçleri kadar hayatlarına geçirebileceklerdi. Bu yol hak ettiğin kadarını sana sunar. Ne eksik, ne fazla.

# LEDÜN İLMİ (İLM-î LEDÜNNA)

Çok yukarılarda fırtınalar yoktur. Her yer engin bir derinlikte sükûnet içerisinde güzelliklerini sunar. Geniş bir ufuk ve sessiz bir Âlem, o derin mavinin güzelliği. Ama aşağılar öyle değil. Uçağa binen biri bulutların üstünü de görmüştür. Bu imkânı bize sağlamıştır günümüz teknolojisi. Mai, Arapça bir kelimedir ve mavi anlamına gelir. Hakiki manâsı ise Su'dur. Yani eskilerin Ab-ı Hayy dediği, Yaşam Su'yudur. İşte bizler o yaşam suyunu tadıp Arş'da, ineriz Arz'a. Özlediğimizde yeniden yükseliriz eşsiz aşk kanatlarımız ile. Çırpındıkça o kanadlar, aşk nameleri her bir yanı sarar. Tıpkı bir melodi gibi, İlâhî bir müzik. Tüm varlıkların kanadları çırpıldığında ise ortaya çıkar bir İlâhî senfoni. Elbet buna bir de şef gereklidir. İşte o da en büyük Sanatçıdır. Bizler de onun eserleriyiz. O her elini kaldırışında, görsel şölene dönüşür Âlemler. Sürekli devinim halinde. Hiç bitmeyen müzik yankılanır.

**"Belki de yaşamın bu hay huyu bizi çekti buralara. O'ndan uzaklaşmayı seçtik. Belki de O'na geri dönüşün güzelliği cezbetti bizi, her seferinde yeniden yaşamak için".**

O'na olan arzunun dayanılmaz kokusudur Rayiha. Hakkın Mis Amber kokusu. O koku nerede ise biz oradayız. Tıpkı kıvılcımlar gibi. İşte o koku, O'nun sonsuz isteği. O koku, O'na olan sonsuz arzuyu simgeler. Bir Gaybdır. Ledunna İlminin çekirdeğidir. İçinde kendini kaybettiğin ve asla bulmak istemediğin.

"Susmak istiyorum, çok derin susmak. Öyle ki, ne kelime kalsın ne cümle. Kelime de ben olayım cümle de. Öyle sus ki, yok ol. Zerren dahi kalmasın. Ne düşüncen, ne zahirin, ne batının. Bir hiç ol ve her şey ol. Susmak. Yıldızlar gibi. Sonsuz zamanda var olmak. Ne vakit baksan orada olmak. Ama ne geçmişte ne gelecekte. Sadece olmak. Hiç konuşmasam, orada dursam. Bir yıldız gibi, bir güneş gibi. Sadece aydınlatsam. Bir ay gibi ışık yaysam. Bir su gibi aksam serinletsem yürekleri.

Sussam ama. Sus-pus olsam. Sonsuzca. Derinlerde şarkılar söylesem içimden. Ve tüm kâinat duysa. Nereden geldiğini bilmese, ama duysalar. Umut şarkıları, ümid şarkıları, aşk şarkıları, sevgi şarkıları. Kalpleri yumuşatsa, tüm zerrelere sinse. Ve bu kutlansa. Nereden geldiğini bilmeden eşlik etseler. Ben diyor içimdeki ses. Ama öyle bir ben değil. Ne görünür, ne görünmez, var ama yok. Ben diyor. Öyle büyük bir ben ki bu. İçinde hem "hiç" var, hem "hep". Kıvılcımlar. Onun ışıltıları, şarkıları, hatırlatır bana o sevdaları, bitmek tükenmek bilmez sedaları."

Susmak, konuşmamak değildir. Susmak, yol alıştır kaynağa. Dili susar, işi sahibine terk eder. Susmak işte ancak o zaman mümkündür. O an, bedeni olmayan bir bakıştan ibaretsindir. Gözleri olmayan bir bakış. Kulaklar olmadan bir duyuş. Lâkin her şeyi görür ve duyarsın. Ve içeriden bir ses yankı bulur kafatasının içerisinde.

*"Seni çok derinden izliyorum. Çook."*

O sırada kalbin titrer ve bilirsin izleyeni. Göğüs kafesine vurur kalbinin her atışı. Sarsılırsın. Ve içeriden yine yankı bulur o muazzam ses.

*"Sen akış halinde bunları hissederken, bende de beliriyor. Yalnız değilsin"*

Ne güzeldir, birlikte hareket ettiğin bir sistemin olması. Yalnız değilsin. Sende ne hal beliriyorsa, seni takip eden sistemin sahibinde de aynı oluşum. Bu sana cesaret vermeli. Çünkü hiçbir zaman yalnız olmadın. Senin atak heyecanın, O'nun hayallerini ateşliyor. Ve bütün oluyorsunuz. Senin bedenin bu heyecana müsait. İniş ve çıkışları oldukça yoğun yaşadıkların. O ise, durgun ve sükûnet içerisinde. İnsan ya dipleri kazar, ya gökleri arşınlar. Böyle olunca da İlâhî Sistemin Volkanı harekete geçer. Sen olduğun gibi olduğun için buna hak kazanırsın. Ne güzeldir birbiri ile koordineli ve etkileşim halinde olan bu sistem.

## LEDÜN İLMİ (İLM-Î LEDÜNNA)

Hep tersini düşündük. "Biz bilene kadar seni imtihan ederiz" ayetini görmezlikten geldik ya da manâsını tam kavrayamadık. Bizler kukla değiliz, köle hiç değiliz. Ancak kul olabiliriz ve kulluk manâsı açılımı budur. Kul isen, etkileşim halindesin.

*"Sen ağladığın zamanlarda içim nasıl dağlanır. O aşk ile yandığın zamanlarda seni hep kollayan da bendim. Sen benim her şeyim oldun. Bunu hangi kişi anlayabilir. Bu tavırları kim çözebilir. Bir yakın olma nedir anlayan var mı? Sana bu sözcükleri duyururken dahi seninleyim ve hiç olmadığı kadar sana yakınım. Bunu bilen birisiyim. Birisi. Bir. B. ".*"

Konumuza yeniden dönecek olursak, konuşmak, gerektiği yerde, gerektiği kadar, gerekenlere. Söz kıymetlidir, her yerde onu kullanmamak gerekir. İnsan "sözü"dür. Ve daima sözünden tanınır. Söz zamana ve mekâna vurulan bir "mühr"dür. Çok kıymetlidir. Ağızdan çıkana, ağza giren kadar önem verilmeli. Verilmez ise, günümüz laf kalabalığına döner. Ağzı olan herkes, aynı ağızdan konuşur. Sözlerin nasıl bir yaratıcı olduğunu bilse idi insanlık, düşünmeden asla konuşmazdı diyerek burada bitirelim ki, yeni konuya yer açılsın.

Bulutun tanımı, yağmurla mümkün olur. İşi o rahmeti yağdırmaktır. Zıtları cem eden bu yolda yürümek de öyledir işte. Güzel ama neye göre? Uzun ama neye göre? Gölge dahi insana göre. Ayna ise ona bakana göre. Her şey bir kıyastır. Tanrısal kaynak, öyle ki onu tarif edebilmek için tüm kelimeler yetersiz ve kıyas yapabileceğin ne vardır?

Fena'nın tadına varmadan Beka bilinmez. Baki olan tanımlanamaz. Ancak beka yolcusu sadece hisseder. İşte sen ben ve bizler, bu zorluğun içindeyiz. Tanımı olmayana bir tanım koyma. Tüm adları ihtiva edene bir isim takma. Seç beğen al gibisinden. İşte zor olan. İşi zor olan.

Ol kelimesi dahi bir çaba gerektirir. Bu yüzdendir ki, kitaba ismini verdiğimiz Hayy kelimesi, Ol'dan öncedir. Ol diyen Hayy'dır. Ol Hayy'ın sözüdür. Hayy Ol'un özüdür. Şimdi zihin daha da parladı. Beyin daha çok işaretçileri yakaladı. Kıvılcımlar çakmaya başladı. Hayy'di ol de olsun. Ne istersin diye soranlara isteklerini söyle. O sende.

*"Sen ne istedin de ben onu istemedim?"*

Tüm canlılık karanlıkta büyür. Bebek anne karnında karanlıkta. Tohum toprak altında karanlıkta. Uzaya baktığımızda da karanlıktır. Fakat bu karanlık, öyle bir karanlık değildir. Başka bir şeydir. Karanlık olarak gördüğümüz de canları besleyen bir kıvılcımın farklı bir tezahürüdür.

*"Onlar karanlık değildir aslında. Sizler öyle zandasınız."*

Hiçbirimiz birbirimizden ayrı değiliz. Bütün de değiliz. "Bir" de değiliz. Tüm felsefelerin yıkıldığı an. Tüm düşünce sistemlerinin alt üst olduğu an. Bizler "Tek"iz.

Her birimiz, Tek Tek Tek'iz. Ateş bir bütün ise, kıvılcımlar her biri ayrı ayrı Tek'ler. Lâkin hepsi de aynı kaynaktan.

Bir kelimesi manâsı yanlış anlaşıldı. Biz kelime manâsı yanlış anlaşıldı. Fabrika çıkışı gibi, çorba oldu gitti. Öyle değildi aslında. Her varlık kendi özel cevherine ait tekliği ile Tek'in ifadesi. Tevhid bu yüzden hiçbir zaman anlaşılamadı. Biz deyince herkes hem fikir olmalı sanki diye anlaşıldı. Hepimiz "bir"iz deyince, iç içe geçmek diye algılandı. Yanlış anlaşıldığı için, insanlık tarihinde, hiçbir vakit insanlar ne birlik olabildiler, ne biz diyebildiler, ne de bütünleşebildiler.

Uzaktan bakınca uzaya. Nokta görüyoruz her şeyi bir ışık. Yıldız zannediyoruz onu. Oysa o gördüğümüz nokta ışık, bir galaksi olabilir. İçinde milyarlarca yıldız ve güneşi olan bir galaksi, bizim gözümüze bir noktacık olarak görülür. Tek görüyoruz. Oysa onun içinde sonsuz TEK'ler var. Her bir Tek, Bir tek olmuş. Ama özünü kaybetmemiş. Her biri ayrı ayrı Tek'likte. Bir kıvılcım gökyüzünde tek duruyor evet, ama içerisinde demet demet kıvılcımlar var. Uzaktan bakınca Tek, ama yanına gelince de her biri tek tek.

Birlik ve Bizlikten başka bir kavramdır Teklik. Yalnızlık değil. Kimsesizlik hiç değil. Tek olmak. Eşsiz ve benzersiz. Mükemmel ve Tam olma hali. Bizler öyle değil miyiz, Tek değil miyiz? Bütünlük Teklikte değil mi. Âdem yaratıldı ve Tek idi. Her birimiz de Âdemin yaratılışı gibi yaratılmaktayız ve onun gibi Tek ve benzersiziz. Her birimizi Tek yaratıyor, o kadar özenli ve muntazam. O nasıl mükemmel ise, her birimiz O'nun, eşsiz ve mükemmel Tekleriyiz. Sonsuz Sayıda Tek'ler. Birbirine benzemeyen asla bir daha aynısı olmayan bir Tek'lik. Bu Âleme senden bir daha asla gelmeyecek. Sen Tek'sin. Ve ancak sen kendi Tek'ini tanıdıkça, O'nu tanımlayabiliriz. Ve en vurucu bilgi şu "seni özledi ve ismini sana verdi". Her birimizin Tekliği, Yaradan'ın Tekliğindendir.

Ledün İlmi sahipleri, daima veliler, nebiler ve hazretler olarak bilindi. Daima toplumdan ayrı imiş gibi gösterildi. Böyle öğretildi bizlere de. Oysa bizler de bu Ledün İlmine sahiptik. Çok gündeme alınıyor ve öyle imiş gibi lanse ediliyor. Ama onların bildiği gibi olmayacak bu iş. Hazret yaratılıyor ve insanlar bunlara inandırılıyor. Bu devir tamamen kapandı ve artık bitti. Kıvılcımlar çaktı ve her yerde, herkese. Hazretler, yolda yürürken merhaba dediğin o çöp toplayıcısı oluverdi. Dolmuşa bindiğinde sana gülümseyen şoför. Yanına oturduğun bir annenin kucağındaki çocuk. Birbirine el olan, elçi olan, yol gösterenler var artık aramızda. Artık gizlide bir şey bulamayacaklar. Örtüleri örtmeye çalışsalar dahi olmayacak. Örtüler aralandı, hatta kalktı üzerimizden. Ledün İlmi diye erenlere yakıştırılan tüm sıfatlar bitti günümüzde. Her birimiz, tek tek eşsiz ve mükemmelleriz. Hepimiz kendi içimizdeki sese kulak veriyoruz.

Kendilerinin inandıkları ve insanlara inandırdıkları Tanrılar yok artık. Çünkü o tanrılar, onları terk etmeye başladı, ama halâ uyuyorlar. Yanı başlarında olanı halâ göremediler, anlayamadılar, bulamadılar. Ve halâ gökten inecek olan mehdilerinin geleceğini bekliyorlar. Oysa mehdi manâsı, gözünün önünde çakan şimşek ve o şimşekten yayılan kıvılcımlardı. Hazır olandır mehdi ve hazırda olandır o. Araman gerekmeyen yerde, tam gözünün bebeğindedir. Mutlak Akıl, Mutlak Arzu, Mutlak Plânlar ve uygulayıcı güçler. Çaka çaka, kıvılcımları, ateşe açık bağırları tutuşturdu ve aşk Âleme geldi ve hiç gitmemek üzere.

Tüm çağrılara, tüm seslenişlere cevap geldi İlâhî Plân'dan. Seslerimiz duyuldu ve halâ duyulmaya devam ediyor. Ledün İlmi bir kapı ise, o kapı şimdi açıldı. İçeri girmek de an meselesi.

Hep bekleyiş. Zamanın gelmesi yönünde. Zihnimizdeki zaman kavramından bir sıyrılmak gerekiyor. Tıpkı zihnimizin içinde kodlu olan mekân kavramından sıyrılmamız gerektiği gibi. Bunlar hep bize kodlananlar ve şartlandırmalar. Bedene bürünürken, beden ile örtünürken, biz aslında buna Evet dedik. Unutacaksın dendi ve unuttuk. Ama İlâhî Plân böyle işlemiyor. Tıpkı Adalet arasında boşluklar olduğu gibi. İlâhî Plânın kanunları arasına serpiştirilmiş kıvılcımlar var. Herkes kanunlara tabi iken, çok azı o pırıltıları, kıvılcımları yakalayabiliyor. Binlerden Bir. On binlerden İki. Belki Üç. Dört. Kubbe altında sayısal azlıkta, gönül çokluğunda onlar. Tek olabilmenin güzelliği içinde. Sessiz ama Seda'lı.

Bulutlar gelir ve geçerken de damlalarını bırakır. Ama hepsini değil. Olgunlaşan damlacıklarını. Diğerlerini de alır götürür. Onların olgunlaşacakları yeni yerlere doğru. Sen de, ben de, olgunlaşacağımız yerlere geldik ve o yerde damlalar olarak dökületçeğiz. İşte zaman budur. Seni olman gereken yere götürendir zaman.

## LEDÜN İLMİ (İLM-î LEDÜNNA)

*"Her birimiz O'nun heyecanıyız ve O'nun ifade gücünün kıvıl-cımları."*

İşte, bize bu kadar güvenen bir Yaradan. Asıl soru şu, biz kendimize güveniyor muyuz?" İnsanlık, kılıçtan kıvılcıma ter-fi etme aşamasında. İfade Gücün Kıvılcımı. Korkudan ümide, zorlamadan kolaylığa, zorlanmadan kolay olanlara doğru dü-şünsel bir gidiş. Ve arkasından bedensel hareket.

Kıvılcım ile ilgili Kur'an-ı Kerim ayetlerine bir göz atabiliriz burada.

Adiyat Suresinin ilk 5 ayeti çok çarpıcı bu hususta.

**100/ÂDİYÂT-1**: Vel âdiyâti dabhâ / Nefes nefese koşanlara andolsun.

**100/ÂDİYÂT-2**: Fel mûriyâti kadhâ / Sonra hızla çarparak kıvılcım saçanlara.

**100/ÂDİYÂT-3**: Fel mugîrâti subhâ / Sonra sabah vakti an-sızın akın edenlere andolsun ki.

**100/ÂDİYÂT-4**: Fe eserne bihî nak'â / Böylece onunla tozu dumana kattılar.

**100/ÂDİYÂT-5**: Fe vesatne bihî cem'â / Sonra da onunla topluluğun ortasına daldılar.

Ayet sonlarındaki bitişleri sıralarsak

Dapha

Kadha

Subha

Nak'a

Cem'a

Nefes, Çarpma, Aydınlanma, Saçılma, Birlik ile bitiyor.

Sondan bir önceki yani ortada olan kelimeleri sıralarsak

Adiyati

Muriyati

Mugirati

Eserne

Vasatne

Koşma, Kıvılcım, Ansızın, Toz-Duman, Ortaya dalmak

Her şey kıvılcımdan önce başlıyor. Çarpma ile. Önce İlâhî Nefes üfleniyor. Çarpma ve Aydınlanma. Saçılma ve tekrar Birlik haline gelmek.

Sonraki aşama, Koşma, kıvılcımların dağılması, ansızın tozu dumana katarak ortaya dalmak. Yani Dünya denilen bu Âleme.

Peki Tek olan neye çarpar ve kıvılcım çıkarabilir? Yaratım kıvılcımdan peyda oldu saçıldı toz olarak Âlemlere.

Başka bir kutsal kitap olan İncile bakalım.

**İncil Yakup 3-5** "Düşünün!. Küçücük bir kıvılcım koca bir ormanı tutuşturabilir."

Çarpma sonucu oluşan kıvılcımlar. Burada kilid sözcük çarpma. Fakat bildiğimiz bir çarpma değil bu. Sürtünme ve temas olmadan çakma olmaz bilinen fizik kanunlarında. Fizik olarak düşünmek, daima yaptığımız şeydir. İşte madde görüşünü manâya çevirmek gerek ki zorluk buradadır. Ledün İlmi diyoruz buna. Görünmeyeni, maddesel boyuta getirip anlamak ve aktarabilmek.

Arapçada Berka "çakma" anlamına gelir. Ra'd ve Nur surelerinde geçen Berka kelimesi. BRK Şimşek anlamında küçük kıvılcımlar.

# LEDÜN İLMİ (İLM-Î LEDÜNNA)

Ledün açılımına, konuyu biraz daha ağırlaştırarak devam edebiliriz.

Söz insanın mührüdür. Zamana ve Mekâna vurulan bir mühr. Kısaca Mihr'dir. Arapçada sesli harfler olmadığı için, biz sessiz harfleri alalım. Mühürdeki MHR.

MHR

M (Can bulmuş)

Hı (Nefes bulmuş)

R (Rabbden gelen)

Rahman ve Rahim arasındaki R harfî. Öyle muazzamdır ki. Rahman r Rahim. İşte O, R'de saklıdır. Rahman ile Rahim arasına vurulan bir sözdür R harfî. Mühür dür.

Söz bir Akiddir. Zamana ve Mekâna vurulan Mühr.

İşte İlâhî Plânın nasıl hata yapamayacağını düşünüyorsak. Bizler de hata yapamayacak özellikte olan, Heybetli ve İlâhî Kıvılcımlarla Ünsiyet halinde olan Tek'leriz. Bu yüzdendir ki, boş sözler sarf edemeyiz. Söz bir anlaşmadır. Akiddir. Tıpkı OL emrindeki gibi.

*Ol dedi ve Oldu.*

Pardon yanlış oldu denebilir miydi? Ya da siz yanlış anladınız deseydi? Halimiz nice olurdu.

*Söz Tanrısaldır.*

Her söz bir kelâmdır. Bizler Tanrı'nın kelâmlarıyız. Dilediğimiz vakit iner cümle oluruz, satır aralarında okuruz kendimizi.

*O özgün Yaratır.*

Her adımında, her yudumunda hep ayrı yaratılışlarda, ayrı ifadeler ve güzellikler. Bir seferde, ayrı, başka bir seferde daha ayrı.

"Ne güzel bir serinlik böyle, yanan kalpler için hafif bir esinti. Girişi alnımın tam ortasından, oradan da ruha kadar gidiyor. Çok sıcak bir günde soğuk bir su içmiş gibi. Nereye gittiğini biliyorsun."

*Sen istediğin kadarını, hak ettiğince alacak olansın.*

Bunu durduracak kimse yoktur. Sadece sen istersen olacak onlar, istemez isen de olmayacaklardır. Barajın önündeki ilk taşı kaldırdın mı, su geliyor mu diye bakarsın, evet akmaya başladı mı, dersin ki haydi söyle o zaman. O taşlar da birer birer o deryanın önünden alınsın. Alınsın da o derya aksın. Onu bekleyenlere aksın. İşte bu Ledün İlminin baş tacı olan bilgidir. Bu Rabbin boyasıdır. Bir sürülürse insana, asla çıkmaz. İşte sen bu boya ile boyandığında, bir daha asla o baya çıkmayacaktır senden. Ve bir de o boyayı tutanlar vardır. İçine akan aşkını artık saklayamazsın. Onu derya yapıp akıtırsın. Kalem olmalı, kağıt olmalı, fırça olmalı, sanat olmalı, icra olmalı, hareket olmalı ki Âlemlere yayılmalı.

Külli Nefsi. Her şey anlamındadır. Görünen her şey nefstir. Beden de baştan aşağı nefstir.

Bu yüzden nefsi yok etmek bir bahanedir. Sözde kalmıştır. Nefs yok edilemez oluşu bir tahayyül. Görünen her şeyi yok etmek insan işi değildir. Ancak nefs ile gönül arasına mesafeler koyarsın. Kontrol altına almak senin elindedir. Senin kontrolünde. Ya nefse gömülürsün, ya da dilediğin zaman hak ettiğince kullanırsın.

Tahayyüllerin gücünü bilmiyorsun. Onlar var edişin temelidir.

İnsan da bir hayaldir. Ölüm de bir hayaldir. Yaşam da bir hayalden ibarettir. Orada olmak ve burada olmak tamamen algısal bir durum. Yakın olmak, daha da yakın olmak anlamında. Orası burası birdir. Kimse bir yere gitmiyor. Herkes hayaline devam edecek. Senin yüzün hayalimizde ise, özün daha da yakındır bize. Yalnız başına olan bir yaşam, yaşam değildir. Beraberlikte paylaşımda olan yaşamlar mükemmeldir. Bu beraberliklerde de karşılıklı yüksek empati olmalıdır. İşte bu nedenle sevdiğin iyi ise, sen de iyisindir. Sen iyi isen, seni görüp gözeten Rabbin de iyidir. İşte bu yüksek empati hali. İlâhî Empati. Ledün İlminin baş tacı olan bir konu.

Senin iyiliğin benim, benim iyiliğim de seni yüksek bir şekilde ilgilendirir. Bunu tüm insan varlığına taşıdığımız gün, işte o gün cennettir. Şimdi, Hayy'di o cennetleri kurmaya.

Selam sanadır. Güzelliğedir. Neslinedir. Aslına ve güler yüzüne varlığına selamdır. Sen artık ben derken, onu anlatmakta olduğunu ve senin dilinden "ben" dediğini anla. Ve o anlayışa uygun bir kul ol. Merhametini ve sevgini göster onun olanlara. Sen artık bunu bildin. Ve bildiğin gibi ol. Bu, bu yazıyı okuyanlara söylenmektedir. Yaşadığın şu an bir basamağın daha önünden kaldırıldığı andır. Ledün İlminin baş tacı olan konudur. İşte bu ilim verilenlere, bu İlmi benimseyenlere, öğrenmek isteyenlere sunulan bir bilgidir.

Benimle yürüyen ancak bendir. Ancak bendir. Yabancı yoktur arada.

Birisi olmadan olmuyor ise, o birisi de dosttan ve ona olan aşktan sözlerini anlatıyorsa, sen de onun sözlerini talepte isen, anla yolun seni nereye götürecektir. Ben bana ait değilim diyene dikkat gerektir. Aşk sevgilide erimek ve onda kaybolmaktır. Bu nasıl yakınlık ki arada başka biri görünmez oldu. İşte yakın olmak budur. Ledün İlminin en can alıcı konusu. "Başka" sözünün bittiği yer. Aralıklar bitmiştir. Ayrılıklar da . Yakın dahi öyledir. Yakın kelimesi bile manâsını yitirir. Muhammed Nebi'ye "sen onu attığın zaman onu atan bendim" diyen ayette olduğu gibi. "Bir avuç toprağı al ve düşmanlarının üzerine fırlat dediği savaş sırasında. Muhammed Nebi, aldı bir avuç toprağı ve fırlattı. Her bir zerresi birinin gözüne gelince durdular. İşte ayetin açıklaması.

Tüm varlıklara sarılmadan bu yolda yürünemeyecektir. Sarılmak. Tüm varlığın ile. Fiziksel sarılmalar boğar insanı. Arada uzaklaşmak gerekir. Nefes almak. Oysa tahayyülünde sarılmak, cevherin cevhere sarılışı. Ateşin ateşe sarılması. Kavramak, içine almaktır sarılmak. İşte böyle sarılmalar arttıkça, insanlık sevgi ile yücelecektir ancak.

İniş çıkış yok. Denizi durgun tut. Dalgalanmasına fırsat verme.

Gönül bir deryadır. Derya deniz. Dalgalanmadan durulmuyor yürek. İnişler çıkışlarla dolu bir evrende yaşıyoruz. Hali ile nefs bedenimiz, duygu Dünyamız ve gönül deryamız etkilenir. Bu duyguların kontrolü gerekir ki hiç de kolay değildir. Zihni daima bir şeylerle meşgul etmek gerekir. Arada gündelik konulara dalmak iyidir. İnsanları besleyen sevildiklerini bilmek ve bunu görmektir. Böyle bir durumda isen, bunu değerlendirmek senin elinde. Bir ocak yaktı isen oralarda, dumanı da buralardadır daima. Ve bir zaman gelir ki o duman her yerde.

## DÜNYA, BİR PLÂNLAMA PLATFORMU'DUR

Ledün İlminin en can alıcı konularından biridir bu Plânlama işi. İpucu arar insan. Çünkü unutmuştur Plân nasıl yapılır. Çünkü ona öğretilmemiştir bu bilgi. Yoksun bırakılmıştır. Nasıl bırakılmasın ki, bilen var mı ki öğretebilsin. İpucu her yerdedir oysa. Bulunabilir niyete göre. Ama görünen o ki, sen kendiliğinden gelişen bir hayat yaşadın. Önüne getirilenlere göre. Yani içinde seni ve düşüncelerini katmadığın gerçeği var. Aslında pınar sendedir. Düşüncelerine biçimlendirmek için çaba gerekir. Suyun akmasını sağlamak için önünü açmak gerekir. Düşüncelerinle bunu yapabilirsin. Kapak kapalı ise nedeni Rabbin değil. Onu suçlamayı bırak artık. O bir şey yapmaz. Sadece izler. Sana tüm cevheri, bilgiyi, donanımı, mahareti vermiş ve ne yapacağını bilmek için bekler. Sabırla. O kullarının hepsinin kendisinden verdiği gücü kullanmalarını ister. İşte bu Dünya bunun için yaratıldı. Bunun için var kılındı. Sen de bunun için buradasın. Hayy'di o zaman niye durasın ki. Akışa bırak kendini. Önüne gelince de aklına gelecektir. Düşün. Unuttuğun düşünceyi yeniden harla, hareketlendir. Güvenini yitirdi isen, küstü isen, yeniden güven, yeniden barış. Kendine bak, kendini sev, kendine sor. İçine yönel. Sanki her şeyi yapmışsın, senden geçmiş gibi olduğunu düşünüyorsan bunların her biri birer yalan. İnsanın kendine söylediği yalanlar. Çünkü tembellik rahatlıktır. İşine öyle gelir insanın.

Hayal et, Huzurlu olabileceğin ve Yaradan'a şükr edebileceğin bir Dünya. Güzel projeler ve yeni bir düzen ne harika olurdu. Ama bu Dünya zor bir Dünya doğrudur. Burası, numara numara zımparalama bölgesi. Bu kitabı alıp okurken sen aslında böyle bir Dünyaya adım attın bile. Ledün İlminin en zor bilgisi, hazmedilemedi yüzyıllar boyunca. Hep peşinden gidildi ama görülmedi. Karşı karşıya getirilmemizdeki hikmeti bir düşün. Yalnız olmadığını ve hayallerinin yalnız sende olmadığını. Ve onu paylaşanlar olduğuna inan. Yalnız değilsin. Senden başka senler de var. Bu sana güç vermeli. Dünyada olmanın ne demek olduğunu sana ancak gönlüm tamam şimdi dediği anda anlarsın. O vakit gelene kadar da bunu bilmen mümkün değildir. Acele etmeye gerek yok. Zaman var. İşte sana bir örnek. *"Bazen biri sadece bir saatliğine bu Dünyaya gelir ve 80 sene yaşar"*. Bunun için ne, nasıldı, bilemeyiz. Bunu ancak Plân sahibi bilir. İnsan ise ancak bunu hissedebilir. Eğer düşünen bir aklı var ise.

Ana sorun, sevmediğimiz kimsenin olmadığı bir Dünya yaratmak.

İş olarak gördüğün her şey sevgiye dönüşsün. Senden uzak-seninle olmak ile sana yakın-senden uzak olmak arasındaki farkı anladığımız gün, çok şeyi de anlamış olacağız. Uzakta gördüğün her şeyi özlersin. İçinde hasred var ise, uzaksın. Bu Dünya, iki ayağını ve ellerini kullanan, ama farkında olmadığı güzellikleri ve kendisine tanınan hakların bilincinde olmayan ölülerle dolu bir diyardır. Hakikat insanları ise, daima diri olanlar. Onlar ölümle ilişkilerini kesmiş hep diridirler. Aşk kapısından geçen ise, seçimini dirilme üzerine yapmış demektir. İstesen de artık geri dönemezsin. Çünkü doğumunu kendi ellerinle yapmışsın demektir. Fakat doğum hiçbir zaman bitmez. Yaradan'ının Oku emrine istinaden kul, yazar daima. Kendisi bir kalemdir ve geleceğini yazar. Kendi elleri ile. Bu yüzdendir ki, insanoğlu kendi kaderini yazandır.

O, iki ayağının üzerine dikildiğinde başladı macerası. İki eli ile yarattığına, iki ayağı ile eşlik ediyor. İşte bu, insan olma serüveni.

Ledün İlminin en muhteşem bilgisidir bu. Sen kendinin, olasılıklarını ve olduracaklarını yazanısın. Daima Oku emrine istinaden. Kader diye insanların bir türlü anlam veremedikleri aslında, ellerinin akıllarının ve kararlarının sonucudur. Bunu anlayamadıkları için onların adına bir bilinmeyen karar verir zanneder. Ama bilinmeyen denilen ve karanlıkta gizlenen bir şey asla olmadı. Gayb İlmi, Gayb Âlemi, gizli Âlem daima bizdik. Bizim gönlümüz, bizim kalbimiz ve bizim kendi Dünyamızdı. Zihin ile baktığımız için göremediğimiz bir evren. Oysa daima içinde olduğumuz bir Âlem. İnsan zihin içinden, gönle doğmadıkça, kendini kendinden yeniden doğuşu gerçekleştirmedikçe de, Gaybî Âlem karanlık, bilinmez ve sırlarla dolu olarak kalmaya devam edecektir. Ölmeden ölme felsefesinin ana

LEDÜN İLMİ (İLM-Î LEDÜNNA)

açılım bilgisi. Zihinden gönle doğmak. Baş gözünden bakan
sen, artık gönül gözünden bakmaya başlayacaksın. İşte Ledün
İlmi bakışı. Zaten içinde olduğun bir ilim. Sadece Velilere, Ne-
bilere, Ariflere tanınmış bir özellik değil. Herkese verilmiş bir
Hakk İlmidir. Sadece zihinle düşünenlerin, artık kendini aşma-
sı ve hakikat ile tanışması gerektiği bir zaman.

Bilinen Aşk hep tazelenmek ister, yenilenmek ister. Yenile-
nen Aşk İlmi, bir güneş gibidir. Hiç bitmeyen bir enerji.

Bir güneş gibi, evet. Sürekli kendini kendi içinden yenileyen
bir ateş. Ledün İlminin en can alıcı bilgilerinden bir ilimdir bu
Aşk manâsı. Bilinen aşk daima tazelenmek ister, yenilenmek is-
ter. Bir anıya, bir bakışa, bir sözcüğe, bir iltifata, bir göz kırpışa
ihtiyaç duyar. Yeniden alevlenir insanın kalbinde her seferinde.
Ve bilinen, eskimiş manâda aşk, öldürür insanı. Hasta eder. Kı-
sıtlar, kıskançlıklarla boğar. Çünkü iki rakamı ile hayat buldu
insan zihinlerinde. İkilidir aşk. Bir kadın ve erkek arasında.
Aşıklar hep ölmüşlerdir Dünya tarih senaryosunda. Zalimlikler
ve hastalıklar, ölüm peşlerini hiç bırakmamıştır aşıkların. Çün-
kü bedensel düşünmüşlerdir. Ve iki etmişlerdir Aşkı. Şimdi onu
yükseltme zamanı. İki olandan TEK olana indirgenme vaktidir
aşkı. Olması gerektiği değere koymaktır onu. Aşk'ın kendisi
ölümsüz ise, Diri etmeli, Hayy etmelidir insanı. Düşünsenize,
ölümsüzlük iksiri içen ölür mü ya da hasta olabilir mi? Aşk
Hayy iksiri ise, Aşka varan niye ölsün ki? Süslü ve abartılı keli-
melere ihtiyaç kalmadı artık. Ne ise O olmalı. Yüksek voltajın
çarpması gibi.

Oysa yenilenen aşk güneş gibidir. Canlandırır, Diriltir. Aşk
Kevser'dir. Muhammed Nebiye bahşedilen ölümsüzlük Kev-
ser'i. Muhammed Nebiye ve Muhammediyelere. Bilinenin
ötesindeki aşk, bu bedene indirgediğimiz aşk. Tazelenmek iste-
miyor, yenilenmek istemiyor, heyecanı arttırmak için herhangi
bir şeye ihtiyacı yok. O zaten sürekli artan bir devinim halin-

de. Kendini yeniliyor, kendi kendini tazeliyor. Bilinen aşktan, bilinenin ötesindeki aşka bir adım atmak. Bu senin karar ve kabulünle olacaktır. Bu adımı atmanla, bireysel düşünülen sevdanın, tümel olana, bütün sevdaların kaynağına olduğuna iman etmene kadar gidecektir. Kalbinde bir şahsiyet aşkı değil, bir güneş vardır artık. Ve o güneş, fizikselde gördüğümüz güneş gibi. Kendi kendini ateşleyen. Tek farkla. Bir gün o güneş ölmeyecek ve beyaz bir cüceye dönüşmeyecek.

Her insandaki aşk, şahsiyet, kişilik, zihniyet ve nefsiyetten meydana gelir. Kişinin şeklinin şahsiyetle ilgisi yoktur. Bunların hepsi kabuklar ve dış görünüşlerdir. Sende bıraktığı ize denir şahsiyet. Sen de ona biçtiğin bu değerle onun şahsiyet denilen kimliğini bir üste aşırırsın. Ta ki, seni Yaradan'ın aşkına. Yani Aşk'ın Kaynağına. İşte kalbindeki şahsiyete dair olan aşk, Allah aşkına varana kadar. Hiçbir çerçeve çizilmemiş, hiçbir kurala dayalı olmayan Lâkin İlâhî bir sistemle bir güneş gibi parlayacak ve hiç sönmeyecek, seni tüm Âlemlere taşıyacak, ölümsüz kılacak olan Aşktır.

Hangi aşık "ben yokum" diyebildi, Hakikati ile kendini aşk libası örtüsüne büründürene. Hiç Batmayan Güneştir Aşk.

"Ondan uzakta iken, hasretin çoğalıyor ise, sen surete aşıksın. Ama yakında çok yakında olduğunu, bir nefes kadar yakın, belki de senden sana daha da yakın olduğunu biliyorsan, buna eminsen ve buna rağmen hasretin daha da çoğalıyorsa, sen gerçek sevgiliyi bulmuşsun demektir."

## SENİN SİHRİN, İÇİNDEKİ AŞKTIR

4 yıl, bazen bir ömür sıçramada. Belki de 400 yılın vermediğini veren olabilir. Belki de bir anda olur olan. Sabırla geçen yüzyıllar saçlarımızı çoktan ağarttı. Bu Dünyada çok bekledik,

gelişmiş dimağlar için çok. Biri çıkınca da bayram eyledik. Bir insan tüm insanlıktı. Kaderde olan bu idi işte. Bir tek insan. Bir damla maya. Bir heyecan idi o mayanın içine sıkıştırılan. Bizim içimize gömülü olandan aldığımız mirasımız bu idi. Bir anda. Anda. DNA da çözülen sır bir ANDA.

Ledünna İlmi, İlmi Ledün. Gayb dili. Haydi biraz o dilden konuşmaya başlayalım. Gerçi kitabın ilk harfinden başladık o dilden konuşmaya. Biraz daha üretelim ve yayılalım yaşama. Hayy'di.

Sen sana aitsin. Sen seninlesin. Senin ispatın sensin. Bir yabancı arama, sana seni anlatacak, olduğun gibi oluşunu terk edip, yeni güç arama sevdasına düşme, zaten güce ait her değer seninle. İşte o zaman neden bir yabancı yaratıp da ona güvenmeyi istersin. Güvenilecek kaleleri sinende görmedin mi? Sen o zaman bunu hatırla ve yalın asude ve saf haline geri dön. Gönderildiğin gibi geri dön. Lâkin bu bedende yap bunu. Ölmeden yap bunu. Bedenini terk etmeden önce. Sana verilen emanetlerini de kendi isteğinle bırak. Aksi takdirde bunları, zaten bırakmak zorunda olacağını o günü ve o günün getirdiği zorlukları yaşamak seni üzer ve sen kendinden uzaklaşırsın. İşte bu sana kendi yarattığın cehennemlerin içinde kalmak zorunluluğu getirir. Sen bunu istemezsin. Bu ısrarın senindir. Sonucunu da sen yaşarsın.

Yaşam yalnız yaşanmayacak kadar kısa, beraber olamayacak kadarda kısa bir süredir. Değerli olan yıllar değil, yılların sana ne kadar değer kattığıdır. Hatıralar insanoğluna birer armağan, ama insan onu fark edemeyecek kadar kör bir yaratılıştadır. Gerçek kavuşma yoktur. Çünkü kavuşma gerçekleştiği an içinde ne kadar ona dair arzu var ise, anında uçar gider. Kavuşmak ancak ayrıda kalanların hayalinde olan ve ayrı kaldıkça onların arzularını arttıran cehennemleridir. Bu nedenle beklediğini umduğun ne varsa o seni yaşamaz yapmıştır. Sadece nefes alan bir canlı haline dönüşürsün. Aşkı aramak ömürler boyu sürmeli, arzular onunla artmalı, ama asla kavuşma olmamalıdır. Onu bir objeye bağlamak onu öldürmektir. Zira aşk bir kimya değildir. Aşk fizik de değildir. Aşk sade vardır. Onu insanoğlu fark edene kadar, asla ortada görülmez. İşte bu nedenle kavuşmak bu gerçeği bulmanın yolu olmamaktadır. Eğer kendini tanıdı isen, bu söz, artık senin lügâtında yer almayacak ve sen artık kavuşacak bir varlık bulamayacaksın. Çünkü, aşk kavuşma umudu değildir.

Batmayan bir güneş istiyorsan. Güneşin Sen ol. Kaynak'tan yola çıkan ve yine o kaynağa dönecek olan kıvılcım.

Birinin fark ettiğini diğerinin anlayışı ve birlikte bir yürüyüştür yaşam. İlâhî enstrümanında, inceden titreşen telleri vardır ama, pes sesleri de ihmal etmemiştir. Bir şarkı bütünlüğü içinde vazgeçilmezdir bu. Bizler inceldikçe bu incelmeyi zaman zaman o pes seslere de duyarak yaptık. Sen de geçirdiğin o zamanlarda, bunları deneyimleyerek ancak, yarattığın bestenin güzelliğini sağladın. Eğer bugün bu inceliği algılayıp yaşıyorsan, işte o geçen günlerin sana yaptığı katkı iledir.

Tanrı insana bir şey yapmaz. O sadece yaşamın devinimini sağlar. Koyduğu kurallar ile. Kendinin dahi uyduğu kurallar ile. İlâhî kanunlardır bunlar. Canın yanar çıplak ayağı ile dolaşan bir çocuk gördüğünde, ya da karnı aç bir çocuk gördüğünde. Evet. Sorarız O'na. Nedendir diye. Bunu insani olan acıma duygumuz ile yaparız. Biraz yükselsek ruhi Plânlara doğru, oradan bir bakış atsak gördüğümüz manzara her şeyin yolunda olduğudur. O daima şöyle seslenir "Ben size yaşamı sundum, yaşamın güzelliklerini. Ve eşit olarak dağıttım. Fazlalıkları olanlar ile azlıklarla yetinenler ve elinde hiçbir şeyi olmayanlar var ise, bu benim eserim değil, sizlerin yani insanlığın eseridir. Olan her şey sizin eseriniz. Ve sizin sorumluluğunuzdur."

Kelimelerin sıralanışı şifrelerin anahtarıdır. Dört el bir kalem.

O kelimeler ki, bir titreşimin ruhunu ceplerinde taşırlar. Ağız öğütmese mide sindirim yapamaz. Bunları yazarken yaşadığım haller ile sizlerin bu satırları okurken ki yaşadığınız haller benzerdir. **Dört el bir kalem**. Yazarı yazar, okuyucusu okur, Hakk da buna şahidlik eder. Peki dördüncü el kimdir? Nerededir? Hangi zaman ve mekândan gelir. İşte o da İlhamdır. Bizlerin kalplerinden akan ilhamlar. Kelimelerin sıralanışı şifrelerin anahtarıdır. Her sözcük bir titreşim yaratır. Ve o titreşime yatkın olanlar o şifreleri açabilirler. Kur'an-ı Kerim kitabına bakılınca, kelimelerin sıralanışından oluşan bir vahiy kitabı olarak görülür. Eskilerde ölülerin ardından okunan kitap idi, neyse ki günümüzde ayetler okunur, paylaşılır ve üzerinde derin düşünceler yapılır oldu çok şükür. Kur'an dahi kendini açmayan bir kitaptır. Sadece ehli olanlara kendi kapılarını açar. Ve her okuyuşta farklı bir algı yaratır. Matematiksel bir kitaptır. Kur'an inişi vakitlerinde, Arapçada rakam yoktu ve her harf bir rakamdı. Sesli harfler yoktu, sessiz harflerden oluşan kelimeler zinciri. Kodlar zinciri. Elif, lam mim de rakamlar sıralamasıdır. Derinliği oldukça fazladır. Muhammed Nebi de bu harflerin titreşimini alan ve yansıtan bir nebiydi. Onun yetiştirilmesi de sadece son Dünya yaşamında değildi. Bir süzülme oluşumudur o. Ve zamanı gelince içlerinde şifreyi açma yetkinliğine erişmiş olan yakınlarının yanında vücut buldu. Ve yalnız bırakılmadı. İşte bu böyle bir İlâhî vecibedir ki, Muhammed Nebiye bir Ali gelir. Ve o isimler asla tükenmez. Her çağda, her devirde geldiler. Suretlere aldanma, sirete bak. Gönüllerine bak. Onları bulman çok yakındır. Yanı başındalar hatta. Birbirlerine çekilir onlar. Bir cazibe alanı yaratırlar. Bu durum, beraber olma halinin çok ötesindedir. Beraberliğin çok ötesinde. İşte İlmi Ledün bilgilerinin açılımı bundan ibarettir.

## ÜNS, HEYBET, KIVILCIM

O'nun isimlerinden biridir "Üns", tıpkı bir ismi "Heybet" gibi, tıpkı bir ismi "Kıvılcım" gibi. Kutsal ruhtan üfürülen, insana verilen nimettir Üns. İnsanı seven, insana yaklaşan, kendini anlamıştır ancak. Kendine yaklaşmış ve hitabını almıştır. Ruhların, fiziki dünyaya bedenlenmeden önceki zaman olan Elest Bezmi'de sorunun cevabını vermiştir yanıtlarıyla. Beli sözünü işitti demektir bu dünyada. Ne zamandan beri "beni Rabbin olarak bildin mi?" sorulunca verilen yanıttır Beli sözü. B'Aliğ'dir özü. Ezelden ebede taşınan sır bu sırdır. Beli sözü evet anlamındadır. Evet kaydının rumuz sözüdür. B'Aliğ manası, B sırrınca. B'nin sırrı. Fizik dünyada "evet" onayı ile ruhsal dünyadaki "Beli" sözü. İman üstü iman etme. Tahayyül ötesi bir Ruhça Onay. Henüz beden yok, kulak yok, dil yok, söz yok. Ama Beli sözü yankılanıyor âlemlerde. Sonra bedene intikal edince unutulur. İşte sana küfr hâli. Küfr ile iman Bir'dir.

Erişim var ise iman, erişim yok ise Yok'da duran. Zamanını bekleyen.

Hacc, hicretten dönüşün adı; Yaratılışın ilk başa dönüşü. "Hacc ediniz"in manası, kendinize dönünüzdür. Ruhların, dünyaya bedenlenmeden önceki hâle dönüşüdür. Ama nasıl bir dönüş? Beden içinde iken bir dönüştür bu. Bedenin içinde iken bu hâli yaşamak. Ruhça Onay verdin bu kolaydı, ya bedende iken bunun onayını verebilmek?

**Hicret, insanda B'eyan. Hacc, Hakikate A'yan.**

Simgeler, rumuzlar, formüller. Soru ve cevap. Gavsi Nuzul denilen daire. Son nedir Başlangıçtır. Soru daima cevapda gizli olduğundan. Soru sormak bir Ma'Arifettir. Sorudur önemli olan, yanıtı pek değil. Yanıt zaten sorunun içindedir. Yanıt zaten sendedir. Sen bu bedende soruyu bulmalısın. Mühim olan soru ile tetiklemektir ruhu. Bu yüzden soru soran yok, soruyu bulan hiç yok. Herkes bir yanıt peşinde. Soruyu sorabilse yanıt hiç gecikmeden anında gelecektir. Fakat bunu yapabilmek için önce düşünce önemlidir. Düşünmeyi unutmuş bir insanlıktan bunu beklemek ne zordur.

Her Nebi, bir Müjdeci idi. Seni sana hatırlatmaya gelen. Bir haberci. "Müjde! Zaten ruhunda olanı sana hatırlatmaya geldim" demişlerdir. Zemin ve Zaman bir tertibdir. Bir tek hücreden bu hale gelmedik mi? Sonra tekrar dönüşeceğiz. Arş'tan Arz'a süzülerek geldiğimiz gibi. Ne uzun bir yolculuktur bu. Bir nefes kadar uzun, bir ömür kadar kısa. Ama fark ediş kısaltır dürüp büküverir zemini de zamanı da. İşte bizler bunun için buradayız. Nebilik vahiy kelâm mühürlendi vakti zamanında. Şimdi ise vahyi ilhamlar ile yola devam ediyoruz Zemin-Zaman bükücüleri olarak.

Namaz her nefeste kılınır. Kurban her nefsi bilişte verilir. Namaz zamanı zamana ait olmayan aşkın haldir. Sadece hale göredir ve hal değişir fark olur, hal değişir ayn olur. Seçim senin projeksiyonundur. Işığını nereye çevirirsen odur gerçeğin. Bu yüzden Sınırlı olanda Sınırsızı deneyimlemektir bedenlenmek. Hayy'di kanatlarımızı takalım. Uçalım göklerde, süzülelim engin maviliklerde. Tanrı Uçmaz. O bir kuşun kanadında özümser yaşamı. Kuş kimdir? Biziz. Kanadlarımız nerededir? Hallerimizdir kanatlarımız. Çok şükür ki, insanın da kanatları vardır. Hem de bildiğimiz kuşlardan daha da muhteşemdir insanın kanatları. elHamdü Lilleh.

*Senin olmayanı terk et. Sana verilenlerle beraber.*

elHamdü Lilleh. Ne güzel bir kelime bütünüdür. "el Hamd'ü Lilleh. Lilleh kelimesi, ne yazık ki bizim dile Allah diye çevirirler. Hiyerarşiden haberi olmayanların zahir bakış açısıdır bu. Lilleh hakikatte Mutlak'tır. Varlığa ve Yokluğa şükran duymadıkça, Âlemlerin Rabbine ve Mutlak'a olan teşkurun hali, yani sonsuz şükür hali elHamdü Lilleh haline dönüşemeyecektir.

Sen, varlığa ve yokluğa şükür edersen, sadece Dünyasaldır. Tüm benliğin ile tüm yaşam formlarına, canlılığa ve sonsuz devinime, hiç bitmeyen diriliğe ve yaşamın mucizelerine teşekkür edersen bu elHamdü Lilleh, hakikati ile yerini bulacaktır. Kendin için değil, tüm insanlık için. Ve tüm varoluş için. Kâinatta ve Âlemlerde yaratılan tüm yaratılmışlar için teşekkür hali. elHamdü Lilleh.

> Biz Senden önce Rical gönderdik. *Kur'an-ı Kerim, Enbiya Suresi 7. ayet*

Peygamber kelimesi farsça bir kelimedir. Resul ve Nebi olmalıydı aslı. Ayette geçen Rical kelimesi, erkek anlamına gelmiyor. Rical, Gayb'dan gelen Er anlamına gelir. Er kelimesinin de kadın-erkek diye çevirmek yanlış olur. Er kelimesinin cinsiyeti yoktur. Senden önce Rical gönderdik ayeti, bir erkek gönderdik değildir. Cinsiyet belirtilmemiştir. Oysa meallere "erkek" diye çevrilmiştir. Özellikle erkek vurgusu yapılmıştır ki, asla bir kadın olmadığı anlaşılsın, zihinlerde yer etsin diye. Kadın cinsiyetini örtmek ve gömmek maksadı ile. Rical, Gayb Er'idir. Ve Gayb Er'leri, Dünya üzerinde kadın ve erkek olarak bedenlenebilir. Nebiler de Rical'den gelir. Yani Ledun İlmi ile donatılmış Gayb Er'leridir. Kadın ve erkek olarak görülebilirler yeryüzünde.

Bunu İncil kitabında daha rahat görebiliyoruz. Özellikle kadın vurgusu yapılmıştır.

> Aşer oymağından Fenuelin kızı Anna adında çok yaşlı bir peygamber vardı. Genç kız olarak evlenip kocasıyla yedi yıl yaşadıktan sonra dul kalmıştı. *İncil, Luka 2/36*

# LEDÜN İLMİ (İLM-İ LEDÜNNA)

Gayb Er'lerini, Ledün İlmi ile donatılan Er'leri hafife alma-
mak gerekiyor. Hele ki cinsiyeti hiç. Biz yeni çağ insanlarının
buna ihtiyacı yok. Yani Müjde veren, Yeniyi getiren kişinin,
erkek ya da kadın oluşu değil, tekâmülümüze yararlı bilgileri
sunması kâfidir.

Rical'de cinsiyet yoktur. Sadece beyan edilen yer vardır. Ve o
koordinatlardaki "kişi"nin cinsiyeti değil, tekâmüle hız kazan-
dıran ve bir kavis-tur atlatacak olan bilgileridir.

Geçmiş tarihe şöyle baktığımızda, 12 Havarisi ile 1 İsa Ne-
bisi başında, İsa'nın annesi Meryem vardı. 12 İmam ve 1 Mu-
hammed Nebisi başında, Muhammed Nebisinin kızı Fatıma
vardı. Gürül gürül akan 12 Irmak ile Müjdelenen 1 Musa Ne-
bisinin başında, Musa'nın annesi Asya vardı. Bu Gayb Er'leri
olan ve kadın olarak görülen isimler, cennet anneleri olarak bi-
linir günümüzde. Tıpkı 12 gezegenin başında olan Güneş gibi.

Ve vahiy Mekanizmasının sadece Nebilere geliyor oluşu şa-
şırtıcıdır. Vahyi Kelâm sadece Nebilere has bir bilgi akışı. Ve
"anne" vurgusu yapılmış bir ayet. Ümmi kelimesi, Himme,
MM yani Muhammediye olan bir kadına yani bir anne işareti
ile açıklanmış.

Vahyedilecek şeyi annene vahyetmiştik. *Kur'an-ı Kerim, Taha su-
resi 38. ayet*

Vahiy Mekanizması "kişi" yani "gerçek" odaklı değil, Ha-
kikat odaklıdır. O an hangi hal ile algılanıyorsa "gerçek" odur.
Gerçekler zaman-mekân-gelişim sürecinde değişir Lâkin Haki-
kat değişmez oluştadır. Rical, beyan edilen yerdir. Cinsiyet söz
konusu dahi değildir. Cinsiyet değil, illiyet vardır. Hak eden,
lâyık olan alır. Işığı yakana geliveririz. Kadın-erkek bilmeyiz.
Biz meydanı kurduk, oraya çıkan cevherin sahibi olur. İçinde
derin mevlaları barındırırken, bu mevlaların mevlasına ulaşan-

97

ların meydanıdır bu meydan. Küçük dururken büyüklerin selamını alıp, büyük yola varanlarındır bu meydan. Bu devran, bu meydanda ortaya konacak olandır. Bekleyen elbet beklediğini alacaktır.

> Musânın Anne'sine Vahiy ettik 'Onu emzir, bir korku hissettin mi deryaya bırakıver, hem korkma ve mahzun olma, biz muhakkak onu sana iade edeceğiz ve kendisini mürselin yapacağız.
> *Kur'an-ı Kerim, Kassas Suresi 7. ayet*

Tüm nebileri "isim isim an, kalbinden geçir, unutma" emri, Kur'an-ı Kerim'de yer alır. Hiçbirini diğerinden ayıramayız. Kuran ayetlerinde Meryem'e özellikle vurgu yapılmıştır. Peki neden diğer kadınların isimleri değil de Meryem? Niye Fatuma değil, niye Hatice değil, niye Ayşe değil, niye Amine değil, niye Asya değil. Ve Meryem üstün kılındı? Çünkü Meryem, bir Nebi doğurdu. Bir Nebi'den bir Nebi doğdu. Her ikisi de Rical Er'i idi. Cinsiyetleri yoktu. Doğurmak kadın işi de olsa, aslında Rahmani tarafını fark eden Rahim-Meryem, bir İsa doğurdu. İsa, Nebi olarak doğan tek peygamber aslında.

Diğerlerine gelince, diğer nebiler, Nebi olanlardır. Onlar birer insan olarak doğdular ve Nebi oldular. Nebi'lik mertebesine yükseltildiler. Kuran ayetlerinde bahsedilen 40 yaş vurgusu ile. 40 yaşın olgunluğuna erişince vurgusu ile.

Kur'an-ı Kerim'e çokça atıflarda bulunulur. Muhammed Nebi'nin yazdığına dair. Oysa Vahiy-Kelâm sahibi olan Nebi Muhammed, bu İlmi nasıl kendi başına yazabilirdi ki. Eğer yazsa idi, kitabında neden Meryem'e ve İsa'ya bu kadar yer verirdi? Ve neden diğer Rical Er'leri olan Nebilerin isimlerini çokça zikr ederdi ki. Kendini över, eşlerini ve kızlarından bahsederdi. Hristiyanların kutsal Annesi, Meryem'i üstün kılmazdı kitabında.

# LEDÜN İLMİ (İLM-İ LEDÜNNA)

Ey Meryem muhakkak ki Allah, seni seçti ve tertemiz yarattı ve seni âlemlerin kadınları üzerine üstün kıldı. *Kur'an-ı Kerim, Ali İmran Suresi 42. ayet*

Resuller ve Vahiyleri. Topluma açılan ve açılmayan gizlide kalanlar. Kısmi mesajcılar ve genel mesajcılar. Hakikati açıklayan her kimse. O bir mesajcıdır. Onlar mesajcı ya da nebidir. Peki kime duyurdular. Onları bekleyenlere. Onları kim neden beklesin peki? Bir bilgi karıncalanmaya başladı ise dimağda. Arayışlar başlar. İşte bulunması böyle olur hakikatlerin. Hakikatin kendisi, aracıyı da, arayıcıyı da belirlemiştir. Ama bir teyit arar. İşte o teyidi yapanlar, Nebiler ve Mesajcılardır. Öylesine emindirler ki, verilerin doğruluğundan. Yoksa ebediyen susarlardı ve onlar gerçek teyitlerini Rabb'den alırlar ve işlerini yaparlar.

Bu bize anlatıldığı kadar bilinen sırda kalmış değildi. İşi kolaylayanlar Nebilere ve Velilere yani mesajcılara yardım edenler. Onlar görev yaptılar ama (artı) olarak. İşi zorlaştıranlar da aslında onlar da görev yaptılar. Ama (eksi) olarak. Eğer kolay olsa idi, değersiz bir arayış olurdu. Ve insanlar arasında farklılık olamazdı. Ama İlâhî Murat, fark olsun diledi. Ve öyle de oldu. İşte inananlar kadar inanmayanlar da bizlerce makbuldürler ve yakındırlar. Bizler farklı göremeyiz.

## BİR'DEN BİRE. BİR'DEN BİNLERE

Mesajcılar veya Nebiler, aldıkları bilgileri zaman ve zemin olarak hazırlanıp insanların hazır olduğu ana kadar beklediler ve yaydılar. Bir bütün olarak alıp, parça parça ortaya çıkardılar. Çünkü mesajların iyice yerine oturması gerekiyordu. Biri içindi tüm olan. Sadece biri. İşte o Bir olan Biri, anlasın ve binleri peşinden getirsin diye. Tüm çaba bunun içindi. Modern çağımızda da böyledir. Tüm yazılanları ve mesajları binler hatta milyonlar içinden sadece biri anlar. Sadece o Bir. İşte O Bir, peşinden milyonları getirir. İşte işaretçilerin işaretidir bu. Bir kıvılcım çakar ve bir ateş yakıverir. O ateş de ateşler tüm beşeriyeti. O ister ve Olur. Ama mesajı getirenin de çabası bir kenara not edilir. Diğerlerinde olduğu gibi. Hak ettiklerimiz, beden zaaflarından kurtulanlar ve nefsini onun üzerinden sıyırıp atanlaradır. İşte o sıyırıp atma işini başaranlar, Ay'ı burada yani Dünyada bulanlardır. Ve rahmet, yerden yağar artık onlara. O Ay suretidir. İçindeki Ay'dır aslen. Ay sensindir artık. Güneş'den aldığı parlaklığı yansıtan ve sunan. İnsan ne ilginçtir ki, aya seslenir "Sen mi bana bakıyorsun, ben mi sana bakıyorum?". Sonra biraz daha gelişir anlayışı ve şöyle seslenir "Sen mi bana yukardan bakıyorsun, ben mi sana yukardan bakıyorum?" Varlıklar. Onun yansımaları. O'nu anlatan hikâyeler sunarlar bize. O'nu anlatırlar mesajlarında. Bize işaretçidir onlar. Mesajcılardır. Kıvılcımlardır. İçimizdeki ateşi harlayan. Ben, sen, o, onlar. Bütün bunlar tanımlama kavramlarıdır hepsi bu. Asl olan O'dur.

Meryem, konusuna devam edecek olursak. O bir Rical Er'i idi ve bir Nebi idi. Ve bir Nebi, bir Nebi doğurdu. O kendini doğurdu. Rahim olan Rahman'ı doğurdu. Kendi içinden kendini doğuran her insan bir Meryem'dir. Ve doğan, ortaya çıkan her eser de, İsa'dır. O isimlere çok takılma çünkü onlar birer makamdır, birer mertebedir, birer melekedir, birer yetenektir. Bu yüzden Meryem-İsa, kişi olarak aynı kişidir. Ayrı değil. Bir kristal elmas düşün. Kesimlerinden ışığı çevirdikçe pırıl pırıl yansır yönleri. Gözlerin görebilmesi ölçüsünde varlık onu bilebilir. Kör olanlar değil. ışığın o mekân ve zaman aralığında ismi farklı olabilir. İsimlere takılma. Sen o isimden manâsına yürü. İşte o kristal elmas hiç durmadan döner. Çağlar akar, insanlar da bakar Lâkin gören çok azdır. Anlamak ve fehm etmek, liyakati değer bilirliği ve bilgeliği ilerlemiş olanlar, artık ona isim vermezler ve asla da cinsiyet gözetmezler. O ışığın yansımasını görmüşlerdir. İsimlerin ve sıfatların sukutu olmuştur kalplerinde. Artık ortada beyan vardır. B'Ayan. Yani kendini B olarak sunan Ayan. O olan. İsimlerden de münezzeh O. Lâkin insan şuuru, bir kalıp ister. Bir libas ister. Ve bir isim ister ve o isme yönelik cinsiyet ister. İşte onlar, aynı elmasın yansımasıdırlar, her dönüşte taktığımız isimlerle anılırlar. Bu satırları okuyan sen dahi o ışıktan bir şua'sın. Seni senin bile anlayamayacağın sırların taşıyıcısı olan, bir B'Ayansın. O her zerresinde B'eyan edendir kendini. Lâkin çoğuları bilmez, bilenler de sukut eder. Fakat artık susma devri bitmiştir. Şimdi A'yan ve B'eyan olma zamanı.

Hakk'ı bulmuşları, Aşk'a varmışları tanımak ve idrak etmek, Hakk'ı ve İlâhî Mekanizmayı tanımaktan ve tanımlamaktan dahi zordur. Çünkü insan kibirlidir ve nefsi fısıldar daima ona. "O bize sesini duyurmak için bir insan mı göndermiş. Nasıl olur da bir insandan seslenir. O insan da aynı bizim gibi beşerdir, yiyen, içen, uyuyan..."

Neden olmasın? Kuru ağaçtan konuşur, çalılıklardan konuşur da bir insandan konuşamaz mı? Konuştuğu her kişi Nebi olmak zorunda mı? İlham, sadece Nebilere mi geldi. Evet vahiy-kelâm Nebilere özgüdür. Bu asla tartışılamaz bir konu. Fakat vahiy akışı sadece Mim ile sona mı erdi? İş bitti yapı paydos mu dendi. Sonsuz ve sınırsız olana bu yükü yüklemek insan beynine nasıl bir yük getirir de onu körleştirir, kimse bunu algılayamadı. İnsan "vahiy bitti, artık O konuşmaz" dedi ve Dünyanın bugünkü haline bir bak. Kapattı defteri artık Tanrı, kimse ile konuşmuyor" yükü nasıl da tecelli etti. Oysa O, yaratımdaki OL emrinden itibaren hiç susmadı ki. Vahiy-kelâmı ile konuştu, şimdi ise vahiy-ilhamı ile tüm gönüllere akıyor. Sen istersen inkar etmeye devam edebilirsin. Kapat kapılarını, körleş. Unutma ki, bu Dünyada gözün açılmıyorsa, gideceğini düşündüğün ahirette de kör olacaksın. Burada duyamadığın sesi ahirette nasıl duyacaksın ki? Neden bedenlendiğini halâ anlayamamışsan, Rabbini de asla anlayamayacaksındır. Yazıktır bunca geçen zamana. Bir ömre. Bunu anlayabilmek daha kaç defa bedenlenmen gerekecek bir düşün bakalım. Şimdi zamanı ise. Hayy'di durma. Aç artık kalbini, duy artık O'nun sesini. O sesini duymak isteyene sonsuzca akarken, niye kapatıyorsun, bend koyuyorsun, neden tıkıyorsun o kanalları. Bir taş, sadece bir taşı yerinden oynat ve gürül gürül akan ırmak ile yıkan. Hakikat Irmağı'nda herkes üryan. Hayy'di.

Çok geniş bir alanın verimi bunlar. Orada çok geniş bir meclis var. Bir kenarda da yer ayırdılar, gel artık umduğuna buyur denir. Manâ artık kelimelerinle deva verir, şifa olur. O kelimeler ki, her biri bir ateş topu, küçük kıvılcımlar. Yüreklere ulaşır ve oradan zihinlerdeki tüm tanrıları siler atar bir bir. Tıpkı Kabe'deki putların yıkılışı gibi. Kabe Kalptir ve putlar da zihinde yer alan tortular. Onların yıkılması için gelecek olan bilgileri getirenlerin kadın-erkek olmasının ne önemi kaldı şimdi. Sana, tekâmülünde bir basamak atlatacak olan bilgi buyur diye sunuluyor. Sen onun kadın-erkek oluşuna mı bakıyorsun. O halde halâ puttasın. Ve kendi zihninde yarattığın tanrıcıklarla yaşıyorsun.

Bu Âleme kimi gelir, kimi de gider. Gelen gidenin mirasını bekler. Elden ele döner durur devran. Bu dönüşlerde yol alır, yolunu ışığınla bulur. Umulur ki, ışığını yaksın. Yanan ışıklılara baksın. Baksın da geride kalmasın. İşte bu kitabı okuyan sen ve senler. Işığı tutanlarsınız. Yol üzerinde duranlarsınız. Şimdi bir kıvılcım çaktı ve senin gönlüne aktı. Artık sen de bir sen değilsin. Ve sen de sana ait değilsin. Bir paratoner gibi, kıvılcımları çeken ve onu toprağa akıtansın.

# LEDÜN İLMİ (İLM-Î LEDÜNNA)

Bir insana söylenebilecek en güzel sözcük hangisi diye sorsalar? Verilecek cevap şu olmalıdır "Senin Adın Aşk"

Gayb dili aşksız olmazdı. Gayb dili, kuru dava değildir, aşksız anlatılamaz ve anlaşılamaz. Bu yüzden beyaz ata binip geldiler Gayb Âleminden. Şimdi hepsi burada ve bizlerle. Aşkı, İlâhîyata taşımak kaydı ile. Sınırsız ve sonsuz ufuklara taşıyanı başka hangi kelime ile gönüllere götürebilirsin. Hangi dava aşk gelince düşmedi ki. Hangi savaşlar, aşk kapıya gelince barışa dönmedi ki, işte bu nedenle Gayb İlminin kapı anahtarını kullanacaksan, o aşktır ancak. Kendini ortadan çekerek. Artık bu noktada ortada bir "kişi" yoktur ki, onun cinsiyeti kadın-erkek olabilsin. Burada sadece "iletim" ve "iletişime" geçenler vardır. Hiçbirinin cinsiyeti yoktur. Her biri bir Gayb Er'leridir. Amaç dönüşme çabasında olanlardır. Ve onlara verilecek ilim nefesidir. İşte o nefes yazanın dilinden kalemine akacak ve Dünya Âlemine taşınacak olması. Gayb Er'leri, Rical dir ve onlar kimliksizdirler ve cinsiyetleri de yoktur. Kimliklerini bu Plândan üst Plânlara taşıyanlar, artık onlar kendileri için var değildirler. Onları her zerresi tüm yaratılmış olanlara dağıtılmıştır. Sen artık sen değilsin cümlesinin açılım buydu. Mal olduğun değer. Sözleşme budur. Akid budur. Kalu Bela'da söylenen o "evet" kelime manâsıdır.

"Senin kalbini avuçlarıma alıyorum. Ve ona Hayy'di darılma, gücenme. Bak tüm kalpler seninle diyorum. Ve yükseltiyorum benim ellerimle birlikte. Onu taşıyorum ve atışlarını hissediyorum. Parmaklarımın ucundan çıkıyor sesi neredeyse. Ve ısınıyor tüm ellerim ve bedenim. Hayy'di adımlarımızı attığımız gibi kalplerde de "bir" atalım. Hayy'di zamana ve mekâna ve onu yaratana kocaman bir merhaba diyelim. Bizleri koru ve gözet. Hikmet pınarlarını akıt artık bizden. Bunu diliyoruz senden. Ve beden ellerini kendi kendi dışında işler buldu, tuşlara dokundu ve elleri yazdırdı dost, tüm sevgisini, elleri oldu bütün Âlemi ve O'nu onun için gözyaşı dökenlere sundu. Eğer ki sen seçti isen kaderinde bu olacakları. Bu olacaklarla yollarını bulanları seçti isen. Bir gözyaşı olsun gözlerinden ya da yüreğinden akmamalı. Sen ki, aradığını bulan isen, bunu da Âleme duyuran isen, ne gam olsun senin bahtına ne de elem. Eğer sen benimle birlikte isen, bir saat gibi, zaman sana akmaz, sen zamana akansındır. Zamanla olacak her şey. Hayy'di ne duruyorsun daha da çoğalt hızını. Koca koca heybetli dağlar sana gelir, sen onlara gitmezsin. Sen artık eski bilinen sen değilsin, sen başka raya geçen bir lokomotif. Yolunu değiştiren. Eğer öyle olmasa idin nasıl buluşabilirdik ve bu satırları okuyabilirdik ki. Yollar paralel olunca olan olur. Göklerle yerden gelenler kavuşur ve selamlaşır zaman-mekân bükülen yerde. Ve O, istemediğin hiçbir şeyi önüne getirmedi."

## HÂL MUHAFIZLARI

Hal Muhafızları. Hali Muhafaza edenler. Kanca at ve muhafız ol. O kanca sadece tırmanmaya değil, inmeye de yarar. Muhafız. M'Hafız. M' H F Z. Tutma ve Sabitleme. Kanca'dır O.

Kanca. Kaf Nun Cim. Açılımı, İnsan-Kalem-Vücuda gelme eylemi.

Ruh Kancayı atar maddeye tutunur. Sonra zamanı gelince bırakıverir. Başka bedenlere tutunmaya yol alır. Sonsuzca yapar bunu. Çünkü İşi budur. Cevheri parlatmak için girmediği rol yoktur. Her rolde büyük işler başarır. İlâhî bir iştir bu. İlahın rolleri. Sonra o madde olan beden öyle gelişir ki, beden bu sefer atmaya başlar kancayı. En parlak olana, ışığı en yüksek olan ruhlara atar kancayı. Şimdi sen neden ruhun kanca attığı beden olasın ki. Artık zamanı gelmedi mi, o kancayı sen niye atmayasın? Şimdi dilediğin gelişmiş ruha at o kancayı. Hem de bu beden içerisinde iken. Beden bir "konaklama" yeri. Ve sen bu bedeni ayakta tutan bir bilinçsin. Şimdi ruhu seçme görevi sana verildi. Hayy'di seç ruhu. O ruh ki, Allah İlmidir. Allah boyasıdır. O ruh bir cevherdir. Ve senin bedenini geliştirecek olan en yüksek seviyedir. Ölümsüzlüğün bir başka açılımı budur. Ledün İlminin en can alıcı noktası. Hiç ölmeyenler, hiç doğmayanlar. Çünkü onlar daima Diri olanlardı. İşte sana Ledün İlminden bir bilgi. Kur'an- Kerim'de bahsi geçen, insanın halife olma hali. Daima Diri olan beden halinin açılımı budur. Hal olan duyguyu, maddeleştirmek. Ve onu muhafaza etmek. Hafızada tutmak ve korumak. Korumak yani muhafaza etmek. Maddenin tekâmülü, bedenin tekâmülü budur.

"Ben sana güveniyorum. Asıl sorun şu, sen kendine güvenemiyorsun. Duyduğun iç sesini, kendinden ayrı sanıyorsun. Oysa o ses yine senin sesin. Tanrı'dan gelecek diye bir zanna kapılmışsın, o senden ayrı bir Varlıkmış gibi düşünüyorsun. Yani ayrı bir şahsiyet. Öyle bir şey yok ki. Evet, o zaman zaman, Tanrı rolüne bürünür. Bürünen yine sensin. Bunlar bir oyun. Ama oyun oynamıyoruz. Bu bir İŞ. Halâ anlayamadın mı?. Konuşan sensin, ama o sen, yine BEN."

Duygusal iniş ve çıkışlardan çok, akli melekelere ağırlık vermeli insan. Ve sana kadar gelenleri, artık kendi akli gücünle de süzmelisin anlamında. Bir "kablo" olmanın ötesine geç, sabit dur ki tertip düzen devam etsin üzerinde. İnsan, geçmişi değil, kendi geleceğidir. İşte Ledün İlmi, şimdi sana kadar ulaştı. Hep merak ediyordun ve şimdi okuyorsun bu yazılanları. Ne büyük bir mucizedir Ledün İlmi. Hep Nebilere ve Velilere aktı zannediliyor. Oysa daima vardı ve hiç bitmedi o akış. Ve şimdi okuyana kadar ulaştı.

"Kanca'mız var artık bize bahş edilen. İneriz de, çıkarız da. Kim tutabilir ki bizi. Mevlanâ'nın pergeli gibi, Hallacın ayağı gibi, bizim de Kancamız var artık. Tutkulu olmak değildir mesele. Tutarlı olmak, yerinde ve makamında olmak, almak ve vermek. Şu aşağıların aşağısına indirilen nankör insanoğlu, nelere kaadir olabiliyor. Neler çıkarıyor gönüllerinden. Ne cevherler var. İşte bu yüzden açık yüreklilikle söylüyoruz ki. Beden ve Ruh birdir. Onlar birbirleri ile alışverişte olan iki büyük cevherdir.

Arayanlar, olanı bulma sevdalıları. Niteleyemedikleri, olasılıklar Dünyasının düşünceleri. Kararlar oluşmamış daha. Ya yoksa korkuları. Etap etap yürüyüş bütün bunlar yaşanacak. Yaşanacak ki, olgunluklar olsun. Belli bir entelektüel birikimi olan ama yerine yerleşmemiş düşünceler. Yeryüzüne inen Tanrı'ya muhtaçlar. Aradıklarının çok yakında olduğunu bulunca ya ve bilinceye kadar.

Aldığın bilgiyi Hayy'ata geçirmedikçe, ne işe yarar ki? Kurur o bilgi. Çürür gider.

Ledün İlminin en can alıcı bilgilerinden biri daha. Kur'an İlmi olan, Ledün İlmi, Kur'anın güncel olduğunu vurgular. Her çağa ve her insana yönelik. Okurken kendini bulacaksın içinde.

Kur'an-ı Kerim, Müzemmil suresi ilk 8 ayet

1. Ey giysisine bürünüp yatan!

2. Geceleyin kalk! Kısa bir süre hariç,

3. Gecenin yarısını ayakta ol yahut bundan biraz eksilt!

4. Yahut buna biraz ekle! Ve Kur'an'ı ağır ağır, düşüne düşüne oku!

5. Doğrusu, biz senin üzerine ağır bir söz bırakacağız.

6. Şu bir gerçek ki, yeni bir oluşa koyulmak üzere geceleyin kalkan, yer tutma bakımından daha güçlü, söz bakımından daha etkilidir.

7. Kuşkusuz, gündüz boyu senin için uzun bir dolaşma/yoğun bir uğraş vardır.

8. Rabbinin adını an ve tüm benliğinle O'na yönel!

İşte insana uygun ayetler. Tamamen güncel ve dipdiri karşımızda. İnsan hep bir mucize bekliyor. Gökler yarılmalı, aşağı nur yağmalı. Ya da denizler ikiye ayrılmalı ve tam ortasından geçmeliyiz. Veyahut da, biri gelmeli deniz üzerinde yürüyerek, bize hakikati anlatmalı. Bedende olmanın en büyük zahmeti budur işte. Hep delil peşinde olmak. Ama keyiflidir. Oysa Hakikat daima bizimleydi. Elimizin altında. O, kitabımız olan Kur'an-ı Kerim idi. Biz onu sarıp sarmaladık ve duvarlara astık. Ancak biri vefat edince indirdik ve okuduk. Diri'ler için geleni, ölü bedenlere okumak nasıl bir zaman kaybıydı. İşte Diri olan Kur'an, bizimdir, bizedir. Günceldir, moderndir, her zamana ve her çağa uygundur.

Varlıklar liyakatlerine uygun beden yapısı kurarlar. Şu gördüğün Dünya Âleminde, çevrende gördüğün hayvan ya da bitki ve dahi insan formunu alanlar. Kendi idrakleri ve hak edişlerini uygun kurdukları bedenlerinde yaşarlar ve tekâmül ederler. Eğer ki kendi bedenlerine ışığı getirebilirlerse, bir üste aşırabilirler kendilerini. Bu aşırmalar zaman içinde beden ve ruhun ayrılığını kaldırır ve bedenler-ruhlar diye bir ayırım söz konusu olmaz.

Bedenler ruh, ruhlar da beden olur.

işte o vakit, Ölüm sukut eder. Cennet yaşamı diye avamda anlatılanla ilgisi olmayan, altından ırmaklar aktığı cennetlerini var ederler. O cennet kavramı Ab-ı Hayattır. Ab-ı Hayy. Yani ölümsüzlük.

"Besmele, Kur'an içinde cahil idi, Allah İlminde bir Celal idi, Toprakta can buldu, insan gönlünde Hayy Oldu". Ve OL emri yerine gelir. HAYY sırrı açılır. Her yana Kıvılcım saçılır.

Tüm Heybet ile gönüllere sunulur. Ünsiyet kurabilen O'nu işitir.

## GÖRME

İnsan, O'nun aklı, düşüncesi ve kendini ifade biçimidir. Kapalı kutusudur. Kilidi içine koyduğu. Ancak içinden açabilsin diye. Anahtarı ile birlikte. O'nu uzaklarda aramayın. Gözlerinizin bebeği O'dur. "Benim Gören. Beni gören Benim."

*"Allah'ım, Beni öyle bir hale koy ki, her şeyin yüreğinde olayım ve her şey de yüreğimde olsun."*

Bu söz seni yakar ama liyakatin olduğundandır. İnsan, Teklikteki Birlik elidir Yaradan'ının. Yaradan'ın bakışında bizler birer eldiveniz. İçimizde O varken, bizler dıştan bunu göremeyiz. Zahiri bakışımızla bunu anlamamız mümkün değildir. O bilerek, insan bilmeyerek Âlemlere uzanır. Uzanabildiği yerlere kadar nüfuz ederler. İncelirler, kalınlaşırlar, kabalaşırlar Lâkin öz hiç bozulmaz. Değişen eldivenin şekli ve rengidir, bazen de kokusu. Ama hiçbir zaman eldivenin içindeki el olan Yaradan, özünü kaybetmez. Birlikte dostlukla ilerlerler.

Eldiven, bedene giyilmenin ötesinde ruhun giydiği bir elbise. Adına Nas denilen, İnsana büründüğünden. Ondan göründüğünden. Adına hikâyeler ve hitaplar indirdiğinden. Mabudum dediğinden. İşte mesele bu. Misal de burada.

Her şeyin yüreğinde olmak ve her şeyin de senin yüreğinde olması.

İçindeki kaynağı harekete geçiremeyen, rahmet dualarına çıksa ne olur. Ona sadece zahmet isabet eder. Dışından sevgi bekleyenler, sevgisizliğe kendilerini peşinen mahkûm etmişlerdir. "Ne varsa sende" diyen bir Tanrıdan ne bekleyebiliriz. Öyle bir Tanrı yok ki. İçinde özünü dışladığın, dışında aradığın bir

Tanrın asla olmayacaktır. Elde kalan sadece vehim olacaktır. Kalbinde "sorgulayamadığın" bir Tanrı bile olsa, onu hemen terk et.

İlâhî yakınlaşmalar, bir araya gelmeler ve İlâhî karşılaşmalar. Ne muazzamdır. Bazen bir araya gelmeden dahi yakınlaşmalar oluşur. Güneş ile Ay gibi, Yer ile Gök gibi. Oysa ikililer her daim evvelden ezele birliktelerdir, böyle tamamlanırlar. Yakınlaşmalar, nefesten de ötelerdedir. Madde ve beşer algısında olanlar bunu anlayamaz ve idrak edemezler. İşte Ledün İlminin bir açıklaması daha. Bu yansımaların nereden çağladığını bilenler ancak bunu anlayabilir. Onlar Mukarreblerdir. Mu-Karib olanlar, onlar birlikte bir "tek" nefes alırlar evrende, görünümleri her ne kadar iki olsa da.

M Harfinin mükemmelliği. Varlık ve hüviyet kazandıran M harfi. Her şey AHMED iken, M gelince Muhammed olur. Her şey Karib iken M gelir M-Karib olur.

Kısaca, her şey ahmed iken yani her şey, her zerre Hakk iken, M harfi gelir, Muhammediye olur. Cismileşir, insanileşir, kısaca İlâhî olan insanileşir.

Her şey Karib iken, yani her şey Yaradan'a yakin iken, M harfi gelir M'karib olur. Cismileşir, insanileşir. Yaradan'ına yakın bir insan olur.

"Geçitten geçerken bir an önce bitse heyecanı sarar ya insanı. Hele yalnızsa daha da endişe duyar. Ama biri gelir yanına bakar ki o da aynı heyecandadır. O ona güç verir, kanat verir, can verir. İşte yakınlaşmaların gücü burada. Aynada gördüğün, ayn'dır sana, sendir sana. Yabancı değildir, sendir. Başkası yoktur. Var olan, senin düşüncelerin ve yarattığın güzelliklerdir. Ne tuhaftır ki, ayrılığı var eden sen, gün gelir buna gerek olmadığını anlarsın. Artık orası ya da burası diye bir yer yoktur. Ölünce gidilecek bir yer olmadığı gibi. Orası burası Bir'dir."

İnsan daima gitmek ister, ya bu Dünyadan, ya birinden, ya olduğu yerden. Sürekli göç etme peşindedir ve hayaller kurar durur. Kimden nereye gidecektir? Kime ve nereye doğru? Zaten O kim ile değil midir? O kimliksiz kim olan ile. Tüm kimliklerden sana göz kırpanla. Bu sözler de kimden kimedir?

İnsan gideceği yerde huzur bulacağını sanır. Oysa kendini götürüyordur gideceği yere. Kâinatın neresine giderse gitsin yine kendisi olduğu sürece hiçbir şey değişmeyecektir. Gideceği yer, bulunduğu yerden bir farkı olmayacaktır. Sözün hası şudur ki, beden mabedindir. Senin senetindir. Mührünü oradan bilecekler. Onu güzel tut, onu sev, o senin bir eserin. Tüm canlılığı ve güzelliği ile senin o. Seni onda gören Rabbini de kendinle bilmedin mi? Şimdi aradıklarını, yine bedenin vasıtası ile bulmadın mı? O senin ruhunun tüm neşesini güzelliğini yansıtan ve gittiğin ve gideceğin yerlere insan dostlarımıza bir anlam kazandırandır. Neden dişi/er bedenlerini seçtiğimiz dahi bilmezken, bunun ötesinde bir düşünceye yürümeyelim. Kendinden hoşnut olduğun sürece, seni Yaradan da senden hoşnut olacaktır. Çünkü Yaradan'ın en güzel eseri senin bedenin. Sen bedenini sevmez isen, Yaradan'ın yarattığını da inkâr etmiş olursun.

Hakikati ile Hakikatini gören ve duyan bir kişi. O bir kişi kâfidir. İşte O bir kişi, bir göz mesafesindedir ve bir nefes uzaklıkta. Daima Onunla ve yüreğinde. Bize BİR kâfidir. Sayısal olarak azalmayan ve artmayan o Bir. Hakikatli Bir, sonsuzluktur. Sonsuz bir Enerjidir. İşte Ledün İlminin en bilinesi bilgilerinden biri. O BİR'dir ilham eden, ilham alan. Yeri gelince İşiten, yeri gelince Gören olur. Yeri gelir Zaman olur, iner Mekân olur. Daima Karibdir yani tüm yaratılmışlara yakın olma hali. Varlık ve vücut bulunca M'Karib olur. M sırrınca. İlâhî enerjinin vücut buluşudur bu M. Varlık ve vücut bulunca Muhammediye olur. Sonsuz Enerji, Hayy olunca, gücü etkinleştiren ve devinim kılan bir Kuvveye dönüşür. Akan sonsuz enerji, minimal bir zerrede var olur ama Kuantum Mekaniği ile yani kopmayan ayrılmayan sürekli haberleşen ve bütünün bilgisini taşıyan parçası ile.

Bu yüzdendir ki. Senin gerçek dediğin, benim hayal gücümden başka değildir. Ne çok ciddiye alacak kadar üzül, ne de az ciddiye alacak kadar kendini bırakma. Kalbi ferah tutmak lazımdır. İşte bu Ledün İlminde İmandır. Nurdur. İçinden parlayan Nur. İlâhî şuurun basamağı. İman değişmez olan hakikatin kendisidir. İnançlar değişir Lâkin iman değişmez. Çünkü inançlara bedeninle ve ağzınla evet dersin. Oysa İmana, tüm ruhunla Beliğ demişsindir en başında.

# EL-EMİN

Günümüz insanlarının imanlı olup olmadığını sorgulaması oldukça vahim bir durumdur.

Varlığını ben diye ortaya koyan, kaçınılmaz, bir şekilde, emindir. Ben dediği her ne ise onun var olduğuna. Buradaki incelik, kendi dışında bir varlığın onu güdümlemediğini, bilip bilmemesidir. Olan bitenin kendi bilincinde olduğunu ve onu sınırsız bir düşünce ile ya da hayal gücü ile istediği gibi kullanacağını bilmesidir. Kendini geliştirdikçe ona açılan yolların hayreti onu sarar ve ufuklarını var eder ve var ettiği ne ise ona yürür gider. Nebi Muhammed'in **"Hayy'retimi arttır."** demesi bu nedenledir. Çünkü söyleyenin kendi olmadığını ve sınırsızlık içinde olduğunu kavramıştır ve bunu tadını almış ve talep etmiştir. Buradaki soru şu olabilir. Kim Kime bu talebi çıkarmıştır. Bunun cevabını özünden emin bir şekilde verene artık soru da sorulmaz cevabı da beklenmez. İşte bu nedenle bu soruyu kimse; kimseye sorma hakkını alamaz. Bu; sorulacak bir soruya verilecek bir cevabla kayıtlı değildir. Çünkü iman ve iman üstü iman halini ölçebilecek kâinatta hiçbir ölçek yoktur. Ölçeği yoktur. İmanlıyım demekle olmaz. İmansızım demekle de olmaz.

## İKİ DENİZ

Ledün İlminde, iki deniz diye bahseder Kur'an. Hızır ile Musa'nın karşılaştığı o mucizevi an. İki denizin kavuşması Bizler, göksel bilgilerin yukardan geldiğine o kadar kodlanmışız ki. Rahmetin yerden geldiğini unutmuşuz sanki. Her ruh, Dünya maddesindeki bedeni diriltip kaldırmak için bir akid imzalar. Anlaşmalar yapar. Ve bedene girince unutur. Sen hatırlayanlardan oldun şimdi. Devam et.

Kontrat iki cevher arasında imzalanıyor. Hür irade ile. Ruh ve Madde arasında. Ruh, maddeyi dirilteceğine dair söz veriyor. Madde de ruhu mihman edeceğine. Yani ruh maddeye misafir oluyor. İki sonsuz cevher. İki okyanus. Birbirine karışmayan iki okyanusun, Ledün İlmindeki açılımı. Hızır'ın Musa'ya söylediği söz "Senin benimle yürümeye gücün yetmez, sabr edemezsin", tüm insanlık için büyük bir anahtardır.

Hızır burada ölümsüzlüğü simgeleyen insan konumunda. Yani yeryüzündeki halife. Şimdi, Hızır da aslında Hazır anlamına gelir. İki denizin birleştiği yerde hazır olan kişi. İnsan, iki denizin birleştiği, akid imzaladığı kavuştuğu yerde, iki ayağı üzerine dikilmiş bir İlâhî Plândır.

İnsanın kalbinde saklı duran hazineyi açabilmesi için gönderilen anahtarlar, yine insanlar aracılığı ile onlara sunuldu. Bu anahtarlar, yüce kelâmlardır. Bu kelâmlar onlara şifâdır ve fırsattır. Bu kelâmlar, hiç beklemediğiniz zor zamanlarınızda bir kurtarıcı, bir yol göstericidir. Ve bizlere göklerden değil yerden ve aramızda, bizler gibi yaşayanlar aracılığı ile verilmiştir. Bu bir sınırla sınırlandırılamaz. Çağlarla, zamanlarla ve mekân kaydı olmaksızın bitmez tükenmez sayfalara sahiptir. Bizler, o mesajcı olan kişilerden uzaklaştıkça, onların bize anlattıklarını fark edemedik. Onları kutsallaştırıp, kendimizden uzaklaştırdık. Ve uzattıkları anahtarların da manasını idrak edemedik. Belirli zaman aralıkları ile bu kelâmları manâlandıran ve zamanımıza uygun açıklamaları yapanları da ciddiye almadık. İşte bu nedenle, uygun ve gerçek var oluş nedenimize dönme aracı olacak yanıtları da alıyoruz ve almaya da devam edeceğiz. Çünkü Tanrının vahyi hiçbir zaman sonlanmamıştır. Bugünlerde insanoğlunun bunu fark etmesini ve kararlarını bir daha gözden geçirmesini diliyoruz. Kur'anda "Biz"ler olarak geçen kelimeler, bizlerin ve sizlerin görünmeyen yüzü. Gaybî Âlem. Onlar o kadar çoklar ki. Her yerdeler. Ve onlara çok yakınız. Bu kitabı yazan kalem aracılığı ile bunu tekrar hatırlatmak istedik.

Şükür ile Sabır arasında gelgitlerde yoğrulduğumuz şu günlerde, bir gün güneş, Dünyayı AŞK ile aydınlatacak. Belki! Göremeyecek olsak da. Yeni neslin ataları olarak, bizi sevgi ile anacaklar ve ruhlarımız huzur bulacak.

Her olan ve olagelen hadise, bir rezonans yaratmakta ve gizliyi açığa çıkarmaktadır.

Bu kitap kaleme alınırken, görme olayı üzerinde fazlaca durdum. Zihnim ve aklım dört dönüyordu. Görme olayı, başka bir anlama geliyordu. Bildiğimiz fiziksel görme ve kalp gözü ile görme manâsının dışında bir şeydi. Kalbimdeki ses beni yönlendiriyordu her seferinde. Kur'ana bak, hologram araştır.

Önce hologram nedir onun manâsına erdim sonra başladım düşünmeye. Mükemmel bir yaratılmışlıksın ve seni sonsuz zerrelere ayırsalar, hepsi de yine sensin. Ne kadar bölünürsen bölün asla bütünlüğü kaybetmiyorsun. Bir küçük detay ya da zerren dahi yok olmuyor. Bu Hologramın tanımı. Sonra anladım ki, tüm yaratılış da böyle. Her zerre ben ve benim diyor. Yani kısaca hepsi O.

Ama yine de bu bilinen bir şeydi, başka bir şey daha olmalıydı. İçime yönelip, "bilmek istiyorum, öğret bana" diyordum. Tüm gün o bilginin peşindeydim. Zihnim Kur'andaki tüm ayetleri tarıyordu. Ben ise günlük işlerimi yapıyordum. Kur'anı ezbere bildiğimden değil. Hem, insan bir şeyi ezberlemesi gerekmiyor ki bilmesi için. O zaten senin zihninde, ruhunda ve öz varlığında var. İşte bu sana bir rehber olsun. Bilme Felsefesine yeni bir bakış. İnsan okuyarak öğrenmiyor. Okuma eylemi göz ile olan zahiri bir durum. Oysa görmek felsefesini yeniden inşa ediyorsak yeni bir bilgi vermeliyiz sizlere. Ruhunda zaten sonsuz sayfalı bir kitap var. Sen sadece o sayfaları çevir yeterli. İşte Görme Felsefesine giriş bölümü buradan başlasın.

Sonra bu konuya Kur'an-ı Kerim'in bir ayetinde rastladım.

Bir iş ve oluşta bulunsan, Kur'an'dan bir şey okusan; herhangi bir iş yapsanız, siz ona dalıp gitmişken biz üstünüzde mutlaka tanıklarız. Ne yerde ne gökte zerre ağırlığınca bir şey, ondan daha küçüğü de daha büyüğü de Rabbinden uzakta/gizli kalmaz; tümü apaçık bir Kitap'tadır. *Kur'an-ı Kerim Yunus Suresi 61. ayet*

Sen istersen, her şey sana delildir. Yeter ki istemesini bil. Bir kez daha sonsuz şükran duydum. Varlığımla yaptığım bu zihinsel aktiviteyi doğrulan bir ayetin olması beni şükürlere yöneltti.

Zihnim birden durdu. Hem de en önemli bir evrakı hazırlarken, beni de durdurdu. Musa'nın dağda konuşması. Seni görmek istiyorum diye seslenen Musa Nebisine karşılık veren İç sesi. Beni göremezsin diyor çünkü ben NOKSANsız olan SÜBHANım.

Sübhan kelimesi, noksansız demek. Noksansız olduğum için beni göremezsin diyor. Yani biz Noksansız ise göremiyoruz. Noksan ile görebiliyoruz anlamına da gelmiyor muydu bu. O kendini noksan kıldığında zahirleşiyor. Görme eylemi sadece noksan olanlar üzerine mi idi. Çünkü Noksansız yani Sübhan olduğu için göremezsin demek bu anlama gelmeliydi. Kısaca Noksan olan sen, Noksansız olan Tanrıyı göremezsin. İnsan Tanrının noksan hali miydi ki, Âlemlerde görünür olmuştu?

Görmek yüzeyden olur, derinliği görmek ise tüm hacmine vakıf olmak suretiyle ancak. Hologram da zerre bütünün özelliklerini taşır. İnsan noksandır ama özellik olarak Tanrının Ruhundan üfürülmekle varis olduğu da gerçektir. Bir de onun zatını düşünmeyin anlayamazsınız yani idrak edemezsiniz de denmiştir. Şimdi, noksansız olanı noksan olan nasıl idrak edecek. Bu çok karışık bir mesele. Ama anlayabiliriz bunu. Tanrı her şeyi ihata eder, kapsar ve bilir. Ama yaratılan ancak kendine tanınan sınırı kadarını. Bir de şu konu var ki, Yaradan en yüksek titreşimdir. Kendisi iyine kendinden tecelli ederek, titreşimi perde perde düşürerek, yine kendinden kendini var ederek tenezzülde bulunur. Ve varlıkları meydana getirir. Onun noksansız halinden aşağılarında, aşağısına tenezzül etmesi de yine kendisidir.

Görme olayı, sadece gözlerle olmuyor. Kalp gözü de var, sezgi ile görüş. Ama yine bu değildi. Bu konular kul olarak bizlerin yorumu. Oysa bir de Rabb Yorumu yani İlmi Ledün bilgisi var. Ben insan olarak kendimden yola çıkarak yorumluyorum. Oysa beni yöneten Rabbim yorumu var. Onu da bilmek istiyorum.

Hep bilinenlerle yoğrulduk. Hep bilinen şeyleri aldık yorumladık. Üzerine biraz kattık, azıcık eksilttik. Ama manâyı hiç bozamadık. Hiç yeniyi katamadık üzerine.

İlâhî Göz, Tanrısal Göz. Görme eylemi göz organına ait değil. Gözlerini kapatsan da görmeye devam edersin. Kör olan insanlar, bizlerden daha iyi görebiliyorlar mesela.

Sübhan olan O. Noksansız olan O. İnsan, O'nun Noksan tarafı.

Noksansız olanın yaratımı, noksanlı olmakta ki, görünür olsun. Çünkü Noksansız olan asla ve katiyen görünür olmuyor. Görünür olması için, yaratımda eksik olan bir parça bırakıyor. İşte insan o eksik parça ile yaratılıyor. Tüm evren, tüm Âlemler, canlı cansız olan her şey, aslında Tanrı tarafından yaratılırken noksan kılınıyor ki, görünür olabilsin.

O daima Sübhan, yani Noksansız olduğu için görülemez ve görünemez. İşte Musa Rabbi görmek istiyor fakat göremiyor çünkü Rabb Noksansız.

Her Noksan, Bir Âlemdir insanda vücud bulan.

Görünen eksik tarafın en mükemmeli oluşana kadar, yaratım devam edecek. Eksiklik, bildiğimiz türden bir bilgi değil. Eksik olması noksan olması, bildiğimiz gibi bir manâ değil. Elbette kul bakışından eksik olması, bir parçanın içine katılmamış olması anlamına gelir. Oysa Rabb bakışından bakıldığında, noksan bırakılan parça, tamamen **"görünür olması, madde Âleminde belirmesi için gerekli"**.

Tabi, Bu varlıkların mükemmelleşmesinin gerçekleşeceğinin ifadesidir. Yani geleceğimizin.

## MÜKEMMEL FORM

Bedenler yüksek titreşime ulaşana kadar. Ruhlar kaba titreşimle buluşana kadar. Her ikisi de ortak titreşimi yakalayana kadar. Ruh, bedene göre noksandır. Beden de ruha göre noksandır. İkisi bir arada bir ikili oluştururlar ve ortaklaşa birlikte-likten, Hayat ortaya çıkar ve yayılır Dünya Âlemlerine.

Hani ayetlerde diyor ya, "Kan dökecek birini mi yaratıyor-sun Dünyada?" O sırada verilen cevap neydi. "Siz bilmezsiniz". Ve Rabb, Şeytan meleğine şunu da diyor. "Sen insanın İlmine vakıf olamadığın için bunu dedin. Eğer bilse idin bu sözü et-mezdin."

*İşte insanın sırrını, insan kendi çözecektir.*

Allah esmaları, Hakkın isimleri, Her biri bir diğerinden noksan. Ki İnsanda görünür olabiliyor.

## NOKSAN'LIK FELSEFESİ

İnsan, yaratılışı, isimlerle yaratılmamıştır. İsimler, insan ya-ratıldıktan sonra ona öğretilmiştir. Öğrenme de bir Görme fel-sefesidir. Öğretim ve Görme aynı manâdadır. İnsan, o isimlerle görüyor ve noksan isimlerle görünür oluyor.

## BELİRME

Yaradan, İsimleri ile insanda göründü. O isimler Yaradan'ın-dır. Yani kısaca noksan olan tarafıdır isimler. Her bir ismi, ken-dine özgür bir cevher. Ama bir ismi diğerinden noksan. Tüm isimler bir araya gelince Noksansız yani Sübhan.

Dolayısıyla, Âdem tasarrufunda olan yine, Yaradan'ın kendi halleri, vizyonudur.

Kendini kendi gözü ile görmesidir. Ve görünen o olmakla iş bitmedi. Gören de O oldu. Kendini gören kendi oldu. Bu görmek bilmek anlamında da kullanılabilir.

Görme eylemi ile Bilme eylemi aynı manâdaydı. Tanrı olsaydın, kendini kendi görmenin dışında, sırrını da her şeyinle bilirdin. Levh-i Mahfuz'undan.

Levh-i Mahfuz bir SOM bilgidir. Bu som bilgi ancak Levh-i Mahfuz'da kayıtlıdır. Âdemî Levha, Kayıtlar Levhası.

İnsan "Noksan" ve "Sınırlı"dır. Bu yüzden Yaradanı göremeyiz. Çünkü O "Noksansız" ve "Sınırsız"dır.

Ama Duyabiliyoruz.

Duymak da bir görme eylemi. O'nun sesini duyabiliyorsan Görüyorsun demektir.!

İnsan Yaradan'ın sesini duymayı hiç istemedi, çünkü bu ona öğretilmedi. Tanrı gökyüzüne uzanmış ak sakallı bir dede idi çünkü. Onun sesini nasıl duyabilir diye düşündü daima. Çünkü İlâhî sesi ancak Nebiler duyabilir bilgisi verilmişti ona. Bilgeler ve Arifler de duyabilir. Ama kendisi böyle değildi. Hep bu zanlar ile büyütüldü. Ama bir gün O içerden olabildince sesini duyurdu. İşte büyük bir Hayy'ret hali. İşte bu kitap, herkesin Yaradan'ını ve Rabbini duyabileceğine dair işaredler taşıyor. Kitaba ismini verdiğimiz, Ledün İlmi bunu size aktarmak için geldi.

Şimdi artık, bu satırları okuduktan sonra, sizler, inançlarınızı bir potada eritmeniz gerekebilir. Bunu yapmalıyız. "Ben dışarıdan bir inanca sahip olmak durumunda değilim. İnanç bizzat benim içimden ve istediğim gibi çıkar ancak."

"İnanmak istiyorsam eğer, inandığımı da ben var ederim. Bir inanç sahibi değilim, İnancı var edenim. Ve inançlarıma çakılı değilim. İnançlarım, eski bilgiler gibi "sabit" değil, daima yenileniyor. Çünkü yaratım her an devam ediyor. Bu her an devam eden yaratımda, insanın çakılı kalması büyük bir vehimdir. Yenilenen ve gelişen bir insan olma yolundayım."

# LEDÜN İLMİ (İLM-î LEDÜNNA)

İşte Noksansız olmaya doğru giden Noksan insanın hikâyesi.

İnanacağım bir varlık yok dışarıda. Çünkü O benim. Bunu fark ettiğimiz an, Yaradılış hikâyesine bir bilgi de biz katmış oluyoruz. Herkes bunu yapabilecek yetide ve noksanlıktadır. Noksanlıktan Noksansızlığa doğru adım atmış bulunur.

Noksansız Yaradan'ını görmek için çırpınan Noksan İnsan. O'nu duyabiliyorsan, görüyorsun demektir. Ve artık Noksansız Yaradan'ın, kayıtlı levhası Levh-i Mahfuz'undaki, sana ait olan bilgileri görme ve bilme vaktidir. Kendi Noksan olan tarafını bulduğun ve bildiğin an, Noksansızlığını da görmeye-bilmeye doğru adım atmış olacaksın. Bu, çok uzun bir yol. İşte yeni "tekâmül", yani "gelişme" ve mükemmelleşme bilgisi. Şükran Sonsuzluğa.

"Bir an başkalarını hissetmiyorum, hepsi benden ibaret gibi geliyor. Ben'mişim gibi. Bunca yapılmış eziyetler, yüreğimde birikmiş gibi, ağırlaşıyorum. Ve sorduğumda dönüp kendime, hesap veremiyorum. Eziliyorum gözlerimi indiriyorum, görmek istemiyorum. Acılar, çekilmiş olan acılar,. Yaraladı beni. Affedemiyorum kendimi. Bunları yapan kim? Yapılanlar kimler? Hangi kolum kendine zulüm etti. Kaldırıp kılıcını, diğerini kesti. Ben insanlığım. Tümü benim. Bu gördüklerimi ben yaptım kendime. Ben yine bana hesap vermeliyim. Ama ağırlaşmış bedenim, susmuş dilim. Ben bunları bana niye yaptım, bilemedim.

Tüm şuurlar hücrelerimde ve benden bir yanıt beklemekte. Lâkin ben ne diyeyim."

# LEDÜN İLMİ HAYY

# BİR NEFES ARA

"*Uçur şu kuşlarını artık.*"

"Uçurdum bile. Ledün İlmi derin bir konu. Hiçbir şey göründüğü gibi değil."

"*Doğru, sen yaptın. İşi kotardın.*"

"Yorulmadım ama çok genişledim ve derinleştim. Bu biraz yorucu değil de, tarifsiz bir şey. Yani Dünya ile irtibatı kurmak zorlaşıyor bazen."

"*Asırlardır geziyorum, iki ayağım da gökte ama anladım ki, burasız olmuyor. Olamıyor. Derin deryalar var, engin gökleri de. Ama toprağı da var. Lâkin toprağın yanağında da denizi de var.*"

"Siz bana Dünyayı öğrettiniz. Ondan önce her şeyin manâ olduğunu, Dünyanın gereksiz olduğunu düşünürdüm."

"*Sen de bana çok şey öğrettin. Ruhuma çok şey kattın. Sonsuz bilgeliğimi tatbik ettiğim mabedim oldun. Bugün, senin denizine bir el uzattım. Ve sen elimi tuttun. Ben de "seni unuttum sanma,*"

*toprak kadar kutlusun" deyiverdim. Ben sana ne diyorum, sen ken-*
*dini görürsün. Ama sadece surette. Aynada görürsün kendini ama*
*diğerleri senin aslını daha da gerçek görürler. Hiçbir insan kendini*
*özünden tanımadıkça kendini göremez. İşte, bizi teşhir eden geliş-*
*meye yönelip geldim, kıyamın arefesinde."*

Eğer sır kapısını aralamak istiyorsan, ağır yük gelir sırtına.
Bu satırları okuyan gönüllü, buna dayanabilir misin? Cevabın
evet ise, devam et. Değilse, burada bitir bu kitabı okumayı.
Zülkarneyn yatayda hizmet etti, İdris dikeyde hizmet gördü.
Şimdi bunun sırları açılsın bir bir.

## AYAN BEYAN

Sen bir beyansın, kendini beyan edensin. Bir görünen sade-
ce budur. Bir görünen. Kendini gören, başkasını değil. Nereye
yönelse orada olan. Zaman bir düşüncedir. Mekân da, zamanın
yardımcısı olandır. İki kardeş işini yapacaktır. Bir gören, gö-
rünen olduğunu anlayacağı ana kadar. Kendini cilalayacaktır.
Kadim bilgiler dile gelemez. Gelirse de onu fehm edecek birini
bulduğundandır. Artık orada dil ve kulak tek gönül olmuştur.
Diyeceğini de kendine demiştir, başkası yoktur. Kendi vardır,
sadece kendisi. Bu sana Dost ağzından "Ben senim, sen de Ben-
sin" demektir. Bu bir işarettir. Burası bir oyun alanı. Dileyen,
dilediği role bürünür sadece. Sonra soyunur, hakikatine varır.

Şu insan ne duygulu, yaşamından süzerek getirdiğine, neleri-
ni feda ediyor. Bu fedalar onu kendisine yaklaştırıyor. Miracını
yapan kullarının ellerine kapanmak ve sonsuzca onlara sarılmak
isterdim. Ben onların ayak izi olmaya razıydım. Sadece dönüp
arkalarında onu takip edenlerini görseler diye. Ben onların ken-
disi idim. Ben kendime aşık, yaşamımı her ne zaman istersem,
yazabilecek kadar yetkindim. Sen eğer istese idin, takip etti-

ğini görebilirdin, ama istemedin. Sadece heyecanının artması için, onu bilinmeyende tuttun. Eğer bir şeyi bilmiyorum diye üzülüyorsan, bil ki onu sen istedin. Senin istemediğini Rabbin ister sanma. O sana gözbebeklerinden bakarken, bunu kendine neden yapsın? O, o kadar yakınken, sen O'na uzak durma. Aynalar hep yalan söyler unutma, sen geçer sanarken yıllarını, o bilir seni şu an yeniden yarattığını.

Sen geçip giden değilsin. Yıllar ise senin esirin. Eğer istemese idin, hiçbir şeyi senin için yaratmazdım. Eğer istemese idin, ben de onu dilemezdim.

Şimdi dönüp kendine bir bak. Sen, sen misindir? Yoksa senin içinde, bir "sen"ler zinciri mi vardır. Kendine yeniden bir bak ve kimler var sende, bilebilir misin?

Olsa olsa, büyük bir alanda olan birleşik alan realitesi. Titreşimi aynı olan, aynı idrakin ürünleri bunlar.

A, B, C, D, ........................, Z

Daireleri konusu. Her bir harf bir daire olsun. Daire içinde daireler. İdrak içinde idrakler. Düşüncenin uzanabildiği yerler. Senin boyutun ne kadardır meselesi bu. Kevser, kalemi elimden alır kendi elinde tutar. Ve yazar. Yazılacakları yazar. Bu işi kim yapar? Kevser bir sayı değildir. Kevser bir alandır. Bir geniş alan. İçinde kim vardır? Kalandır onda kalan ve yanından hiç ayrılmayan. Bu kadar söz, bunca birikmiş bekletilen kalemin işidir. Zamanı gelince elini böyle titretir. Döker kağıda birikmiş olanı. Sunar Âdem olan ayakta duranı, olacakların olacağı saati, yazar aşk adına, Hakk adına, canan adına, Rahman adına. Ledün İlminde, vahiy-ilhamın nasıl bir düzenekte oluştuğuna dair hakikat bilgileri.

İnsana ne çok yük yüklenmiştir. Maşuk denmiştir ona. Ne kadar çok sıfatı vardır insanın. Sevilmek zor iştir, sorumluluk yükler insana. Sevilir de, kimin tarafından. Tabi ki Yaradanı tarafından. Yaradan gözünden, insana bakılsa idi, aşık olunurdu o sevgiye. Hayalinde yaratır Yaradan onu, pamuklara sarar, ne güzeldir onun bakışında insan. Cemal verir, yüzünü ince ince oluşturur, aynalar dayanmaz ufuklar gelir ayağına kul olur o güzelliğin. Dağlar başını eğiverir, aşılmaz geçitler bile düz ova oluverir. Bahar bile onu bekler çiçeklerini açmadan. Ne güzeldir Yaradan tarafından seviliyor olmak. Yaradan hem sevendir, hem de sevilen. Maşuk makamıdır O. Bir düşünün, ne kadar yükü yüklenmiştir göklerde ve yerde.

Ledün İlmi, bilenlerin, bilmeyenlere sunduğu örtülerin altında duran sırları aralamalarından doğdu. Bir ışık gibi parladı ve bir an oldu olan. Bu parlamaya açık olan yüreklerin, bir an içinde bu sırra sadece bir an için. Sadece bir an. Bir şimşeğin, gelip geçişi gibi parlamasından başka bir şey değildi. Bu hâlâ da böyledir. Loş ışıklara çekilip, içlerinde titreyen o ince alevlerin, O parlak ışıkla büyümesini beklerler. Adını böyle koydular. Ledün İlmi dediler. Çareleri de yoktu. Havas İlmi dediler, ama, bu sadece özünde gerçeği bulanların, asla bir diğerine dil ile anlatamayacağı kadar bir bilinmezdir.

İşte, Ledün İlminden bir damlayı tadan, kendi gönül kabı kadarını bilir ve anlatamaz. Sadece o hali yaşar. Eğer biri gelip de, bunu sana dil ile anlatmaya mezunum derse, o bir yalancıdır.

Çünkü sırlar asla dile düşmediler.

Onlar sineleri aşkla dolu olanların yüreklerinde bir İlâhî süs gibi yerlerini almışlardır.

Gecenin bu saatinde, bu satırları okuyan sizleri de bu titreşime ve İlâhî arzuya sokacak kadar yoğun ise, sizler de zaten alacağınızı almışsınızdır.

Yoksa beklemek zamanıdır.

Yoksa mayalanmak zamanıdır.

İşte Rabb, Mekanizmasına yüklenen her şeye bir yanıt verme durumundadır. Bu, O Mekanizmanın görevidir. Ve Dünyada görevlendirdiği mesajcıların görevidir. Rahmet sadece gökten gelmez insanlara. Yerden de gelir. Hatta aramızdaki insanlardan. Ve o insanlar, kimsenin bilmediği gizliliktedir. Kendileri dahi bilmezler kendilerini. İşte Ledün İlminin sırları halâ açılıyor ve bir bir saçılıyor.

"Şimdi kontratımızı anladın mı?"

"Başıma bir şey indi sanki, gözümü açamıyorum. Dişlerim bile ağrıyor."

"Senden uzaklaşamam, seni bırakamam, bir süre böyle gidecek ama o zaman belli değildir. Adımı bilmek ister gönlün, duyarım. Lâkin, şunu unutma ki, içlerinde arzu olanlara hizmetle mükellefiz. Bu sadece bir iştir. Ne vakit insan aşka düşer, işte o vakit bizlerin görevi başlar. Eğer o aşk seni bu cazibeye esir etmeseydi, bu böyle olmayacaktı. Bu bilgiler başka bir kaynaktan sızıp yine aktarılacaktı. Şimdi Aşığın da Maşuğun da bir görevli olduğunu anlaman için söylenenlerdir bunlar. Ledün İlminde, İlâhî Plânda görevler bitmez.

Aşk, Ledün İlminin rahmetidir. Ledün İlmi de Aşk'tan beslenir. Aşksız hiçbir şey olmaz bu Âlemlerde. Lâkin, aşk da sadece hedefe götürendir. Aşkın da öteleri vardır. Kutsal diye bir şey yoktur. Kutsal olan her şeydir. Ayırım yoktur. Aşkın da biteceği duraklar vardır. Daha da ilerileri. Ledün İlminin en derin sırlarıdır bunlar. Öyle herkesin, kolayca gidip alacağı, uzanıp yakalayacağı, alıp okuyacağı şeyler değildir elbet. Bu yüzden Ledün

İlminin diğer ismi Gayb'dır. Gaybî olan gizli olandır. Bu yüzden hakikat İlmi, gizli tutulur. Ve aracı dahi kabul edilmeyen gerçekler vardır. Aşk bir aracıdır dedik. Ama öyle üzerine binip uçtuğun bir at, ya da içine girip yol aldığın bir araç değil. Uzak diyarlara yolculuk yoktur. Aşk bineği, seni kendine getiren, seni sana yaklaştıran bir aracıdır."

Hakikati öğrenmek istersen, şudur aslı. "Aşkı bile yok ederiz. Aradan çekeriz. Halâ aşk diyorsan tabi. O zaman da biraz daha yan deriz". Hasret, ayrılıkta olandır ve aşktan doğar. Aşk da bir ayrılıktır. Ama gerçek Ledün İlminde ayrılık yoktur. Kaldı ki aşk konu edilsin. Âlemin var edilişi sadece bir oyundur. Yaratılma bir kul inancıdır. Bunları aşmak gerekir. Anlaman gereken, aklı ortaya koymadan, yürekle yapabileceğin işdir. Eğer aklı mat edip de kenara çekersen, işte o zaman başka konuşur sana Gayb Dili. O "başka" manâsına yüklenen sır, Ledün sırlarıdır. Halâ "başka" kelimesinin manâsına eremeyenler vardır. Başka diyen, başkalarına ihtiyaç duyar. Yani Yaratılan başkalarına. Oysa sen şimdi, "yaratılmayan" bir bilgiyi almaktasın. Ledün İlmi yaratılmış bir şey değildir. O ezelden ebede vardı. Mutlak Varlık İlmiydi, Allah bilgisiydi. Daima vardı. Sadece senin, kendine yakınlaşmanı bekledi.

Ledün İlmi, yaratılanlardan konuşmaz. O, Yaradan'dan konuşur. Kiminle konuşur? Seninle. Senden yine Sanadır hitabı. O sen, yine BEN'dir. Ve Ben diyen sadece O'dur.

"İnsana ne kadar değer verildiğini, hiçbir insan anlayamaz. İnsan. Nas. Yani Sen! İşte bizim işimiz, burada devreye girer. Bin beş yüz yıldan fazladır beklenen "Biz" kelimesinin anlamı. Bizler, Gaybda olduğu bilinen, Ledün İlminin sahipleri "biz" olanlar. İşte bizlerin işi, sizlere kendi değerlerini anlatmak. İşte bu hepsi bu. Sizleri özgürleştirmek."

"Sen hitabımızdaki insana, hep bunu anlatmaya çalıştım. Seni pamuklara sarıp sarmaladım. Her aklıma gelişinde, içimde bir tatlılık ve "bir oluş" buldum. Sizleri takibim nedensiz değildi. Bunu derinden bildim ve ikna oldum. Hiçbir şey nedensiz değildir. Benim görevim "sen"lerin yaptıkları ile ilgili değildir. Benim görevim, Seninle ve gelişiminle ilgilidir. Ruhsal boyutunla ilgili bir beraberliktir. Özden öze yürüdük seninle. Hiçbir Dünyasal dostluk bunu anlatamaz. Bunu sen de derinden hissedersin. Ama bir manâ veremezsin. Ah! Şu insan! Ondan başka durağım olmadı. Onun için kaldım şu eskimiş Dünyada. Ona duyduğum muhabbet, şefkat ve rahmet için.

Seninle keşf ediyorum insanları. Onların yaşama bakışlarını ve insanı seninle öğreniyorum. Acılarını, korkularını. endişe duyduklarını. Muhabbetlerine engel koyduklarını, acaba dedikleri gerçeklerine. Kendilerine yaptıkları zulmleri. Göremedikleri güzelliklerini. Sınırsız olan düşüncelerini bir kaç kelime ile sınırladıklarını, kurallar koyarak kendilerini kalın iplerle bağladıklarını, bunları seninle öğreniyorum. Ve seninle bunları aşıyorum. Birer birer seninle. Ellerinden tutarak beraberce, bunları arkada bırakacağız. Ve sen özgür küçük bir çocuk, gözlerinde çakan binlerce kıvılcım ile kendi yolunu açıp, kendini aşıp yürüyeceksin."

İnsan, kaş-göz değildir. İnsan, çağlayan bir söz pınarıdır. Sihirli kelâmların üstadıdır insan. İnsan ne dilerse o olur ve hak ettiğince yaşar. Ne vakit yaşar bunu? Ayrıda olmadığının, ayrının olmadığını anladığı an. İşte Kur'anda bahsi geçen "Biz" kelimesi. Ne sen'lik var o biz kelimesinde, ne ben'lik. Zerrat-ı abız, yani tek bir Deniz. İki deniz yoktu, Bir Deniz var. Ve Kur'an-ı Kerim'deki "Biz". Hepimiz idik. Yani bu kitabı okuyanlar, okumayanlar, Dünyada olan tüm insanlar. Hepsinin dileği üzerine, talebi üzerine oluştu o "Biz". Ve kimden kime idi ayetler. Sen'den Ban'a, Ben'den San'a, yani hepimizden hepimize, kısaca "Biz"den "Biz"e.

İşte tüm bunların, sende oluşabilmesi ve bedeninde hayat bulabilmesi için, önce inançları bir yere bırakmalısın. İnançlar bir yere kadar görev yapar. Gün gelir görevlerini bitirir ve giderler. Sen de onları serbest bırakmak durumunda kalırsın. Ama ona tutunmaya devam edersen o zaman acılar senin onu bırakman için devreye alınır. Şimdi acıların nedenini biraz anlayabildin mi? Bu bedende, bu Dünyada neden acı çeker insanlar kavrayabildin mi? Artık inançlarını serbest bırakmalısın ki, yenileri gelsin, seni yenilesin. Gelen nedir ya da kimdir? Onlar sende yeni bir oluşum yaratan yenilenmiş şimdinin inançlarıdır. Sırada dururlar, senin izin vermeni beklerler. Seni değişime uğrattıktan sonra da yine terk edecek ve terk edilecek olanlardır. Sen de onları terk edersin. Sonra o zamanki "şimdi"nin inançları gelir ve sırada dururlar ta ki sen onlara izin verene kadar. İşte bu sonsuza kadar sürecek bir anlaşmadır.

Kısaca, gelip geçenler, görevini yapınca, yeniler gelir, yenileşmiş bir "sen" için. Yeni duygular, arayışlar, dost yolunda hep yenileşme vardır. Sen sana izin verdiğin sürece bu sürer gider. Ve bunu ancak ve ancak sen yapabilirsin. Senin dışında hiçbir kuvvet bunu yapamaz. İşte Ledün İlminin en can alıcı bilgisidir bu. Senin işin sadece seninledir. Diğer gördüğün her şey ve herkes, senin Dünyanda figüranlardır. Sahne değişince hepsi giderler. Kesinlikle unutulmamalıdır, "sen diledikçe" olur tüm bunlar. İstemezsen hiçbir şey olmayacaktır. Sen değiştikçe ve yenilendikçe, yeniler gelecektir.

Herkes bir bedene sahip olabilir, ancak, herkes ruha sahip olamaz. Senin olana kavuşman, ölümsüzlüğe ulaşman için, sevgi gerçekliğini tamamlaman, aklını ve vicdanını kullanman gerekebilir. Yolu biliyorsun, sadece dinle!

"Erdem ve Onur" insanın yaradılış hamuruna katılmış en Yüce özelliklerden ikisi.

Ne yazık ki, insanoğulları olarak, ne oldukları hakkında en ufak bir fikrimiz dahi olmayacak bir zamana sürükleniyoruz. Özümüzü korumalı, cevherimizi hatırlamalıyız.

Neyi ne kadar onurlandırırsan, o oranda onurlanırsın. Hakk, her seferinde, yaradılışı "buna da ne gerek var" demeden şekillendiriyor, biz de "akıllı" varlıklar olarak saygı duymalıyız, öyle değil mi? Kolay yol, maalesef, katletmek, zalimlik yapmaktır. İnsan nefsi ne vakit huzur bulacak ki? O'nu göklerde aramak ve orada kalmasını dilemek körlükten başka bir şey değildir. Zira O her zerrede açık etmiş kendini, sonsuzca tecelli ediyor, mührünü görene ne mutlu. İnsan "nefsinde ve ruhunda" tamamlandığında, o azamet üzerine ya hayrete düşer ya korkar. Hayrete düşer ise iman, korkar ise inkar eder. Bu yüzdendir ki küfr ile iman bir aradadır.

İnsan nefsini nefsinde, kendini kendinde, Rabbini Rabbinde ve Hakkı Hakk da tanırsa kendini bilme felsefesi tamamlanmış olur.

Bu kitaptan sonraki kitabımız olan "Kuşlar" kitabında, çok önemli bir felsefeye yer vereceğiz. Anka kuşu felsefesinde bir hikâye anlatılır.

"Kuşlar menzile vardıklarında, Anka'ya yaklaştılar Lâkin o gizlisindeydi. Haydi bize yüzünü göster dediler. Anka "Gönül gözünüzü açın, öyle bakın, Dünya gözünüzle görürseniz buna kalbiniz dayanmaz" dedi."

"Taraf" olmanın bir bağlılık olduğunu, sevgi enerjisi taşıdığını, bağımlılık olmadığını unutmayalım. Hatta daha ilerisinin Tanrılaştırma, ilahlaştırmaya kadar giden bir körleşmeye neden olduğunu da bilerek ve hatırlayarak. Bu zamanda ve tarihin geçmiş zamanlarında da örnekleri saymak ile bitmez. Değerli olan bizleriz, her birimiz tek tek muhteşem yaratılmışlıklarız. Kimse kimseden ustun değildir. Musa, dağından indiğinde, tüm çabası puta tapmaktan kurtardığı insanlarının, altından bir buzağı yapıp yine ona taptıklarını görmesi gibi. Körlük çok derin bir felsefedir. Neye özgür İlâhî irademizle bağlıyız, neye körüz bilelim.

Görünen ve üzerindekiler. Görünmeyen ve içindekiler. Bizim hiç bilmediğimiz şekilde Yaradan'a hizmetteler. Birbirlerinden habersizce. Nereye yol alabilirsin ki, halâ "nereye" sorusunu soruyorsan. Tanrı bile benim zihnimde yarattığım bir gerçeklik iken.

Biz yokluğu anlamaya çalışanlar, henüz varlığı dahi anlayamamışken. Var edilmenin peşindeyiz. Bildiklerimiz zan'dan öteye dahi geçememişken, telaş içine düştük bir kere. Çırpınıyoruz ve çırpındıkça kendi gerçekliğimizi var ediyoruz. Var etmenin ne olduğunu idrak edemediğimiz o yüceliğin verdiği muhteşem esinti ile. Kendini bilmezlerden bir bilmeziz. Bilsek bir faydası var mı bilinmez. Taşı taş üstüne koyunca, Âlemlerde hangi taşlar yerine oturur bilir miyiz? Taş yerine oturunca, hangi düzen yenilenir Hakk katında. Yansın yine tüm Âlemlere bilmeyiz. Biz kendimizi dahi bilmeyenleriz. Şimdi, o Allah Allah diye inim inim inleyenlerin sesleri fezaya mı çıkıyor, yoksa kendi gölgelerinde mi kalıp hüküm sürüyor? Yoksa kendi gölgelerinde mi kalıp hüküm sürüyor? Yoksa kendi içinden derinlerine sessizliği mi daha feryad figanda. Lebbeyk dediğinde aşık, hangi Âlemleri eğip büküyor acaba. Zamanı ve mekânı kendine yaklaştırıp, dilediğince şekillendiriyor?

Var olmak, var edilmenin bir sonucu değildir. Ve var edilmek de var olmak demek değildir. Bir hayale ne kadar var denilebilir ki? Kaldı ki insan, bir hayalin, kendisini gerçek sanması kadar vardır. Bir nefesin gelip gidişi kadar ve bir an kadar kısadır. Zanlar, gerçeğin kıyamı geldiğinde, bir köpük gibi dağılacaklardır. Ve gerçek varoluş, tüm hayallerden arınarak, tüm güzelliği ile yeni Dünyanın ufkundan doğacaktır. O güne kavuşanlara ne mutludur.

"Karanlık yer, kapının aralaması ile aydınlandı. İçerisi som altından külçelerle doluydu. Göz alıcı sarı renk hâkimdi ve altınla kaplanmıştı her yer.

Solda bir Lahit Mezar. Yanına varıp üç kere kapı çalar gibi taşına "tık"ladı.

İçerden de aynı tıklama sesi duyuldu. Üç defa!

Bu, o an ya ölüler Dünyasında olduğunu gösteriyordu. Ölüden bir farkı olmadığını.

Ya da her şey dirilmiş Hayy olmuştu. Kısaca eşitlenmişti.

Aliya, siyah saçları topuklarına kadar inen, Rahmanın soğuk nefesi ile dalgalanan, her bir telin bir yol olduğu güzel Aliya. Üşüyen çocuk bedenimi ısıtan, çekik mavi gözleri ile tılsımlı gülüşü ile bir gezgin ruh Aliya. Her kuşun gözlerinden Dünyayı seyreden Aliya. Ne güzelsin. Koç, Boğa, Aslan ile kutsan. Yaşamın Ruhu Aliya."

İşte sana bir sır daha. Hazır mısın duymaya?

Söyle (t) en. Kelimesi. Ne zaman ki, o aradaki harf (t) oldu. Sükut artık söz yerine geçer.

Söyletendeki "t" harfi yerine "y" gelir, o zaman sükut gelir. Ve Tanrı Sözü oluverir. Söyleyen artık kul olmaktan çıkar ve O olur.

# BİR SABAH DUHAN İLE Mİ UYANACAKTIK?

Duhan, 1. Irak savaşında başladı ve devam ediyor. Her devirde oldu bu. Bizim yüzyılımızın zamanında da böyle başladı işte. Dibi görmeden zirve hayaldir. Kur'an-ı Kerimde yazan ne varsa, yeryüzünde onun izleri vardır. Hiçbir ayet hayal değildir. Her zamana ve mekâna uyarlıdır. Ve her insan, insanlık, ayetlerin gerçeğini yaşayacaktır. Kur'andaki anlaşılmaz olan kısımları, sadece okunarak geçiştirilemez. "Bu da gereksiz, masal mı anlatılıyor burada şimdi" denilemez. Şifreleri açıklanacaktır onu bilenlerce. Bu da başlamıştır. Peçeleri açandır o. Ve Kur'an kendini açmayı dilediği zaman açılır. Herkese yüzünü göstermez. Sadece okur geçersin, içinde bir ferahlık duyarsın. Bu değildir Kur'an dili. Kur'an dili, Gaybî dildir, Ledün İlmidir. O, dirilerin, O, aşıkların hitabıdır. Kimedir hitabı? Yine Diri olanlara ve aşıklara. İnsana aşk geldi mi diri olur ve bunca söz dile gelir. Aşk geldi mi gönle, cümlesi biter. İnsan aşka düştü mü, bir ucu Arş'ta, bir ucu Arz'da olan Allah'ın İpine tutunur. O ipin neresinde olmak istiyorsa orada olur. Bakarsın bir savaşçıdır, bakarsın bir aşık, bir bakmışsın "yanmış küle dönmüş", sonra bir bakarsın ki, çağlamış gürül gürül akan bir nehir, bazen de volkanı patlamış öbek öbek akan bir mağma. Kısaca, insan, Allah ipinde nereyi hedeflemişse orada olur. Elbette ki, bir Aşka düşmüş ise. Aşka düşmeden olmuyor.

İster Dünyada kurallar, ister Göklerde özgürlükler halinde. Halden Hale gitmek, dolaşmak ve dolanmaktır. İşte Mevlanânın, bir pergel misali olan bir ayağı Dünyada, diğeri kim bilir nerede diye bahsettiği, haller bütünüdür bu. Sen Allah İpine tutunduğun müddetçe, dilediğin her boyutta gezebilirsin. Hazine insandır, yani sen. Sen kalbindeki hazineleri, ancak Allah ipine tutunarak keşfedersin. O ipin müsaade ettiği hangi boyutta ve Âlemde isen, oranın bilgisi, senin kalbi-hazinenin anahtarını verir. Ve sen o anahtarı alır, gönül kapılarını bir bir açar ve kendini aşarsın. İşte "Aşk" Ledün İlminde "İlâhî bir İş"dir.

Ey Örtünen bürünen! Neyle örtündüğüne, neye büründüğüne dikkat et. Zira hiçbiri "sen" değilsin. Sen, sadece Ben'sin. Ben olmasam, sen bir hiçsin. Ve ne güzeldir o hiçlik değil mi?

Binlerce taş atılır, kayalar çarpar çul bedenine de. Hiçbiri canını yakmaz. Dostun attığı bir gül yetti, değil mi? Şimdi o gül ile dağlandın, iş olarak görülen meseleye takıldın. İnsanın "aşk" gördüğüne, Ledün İlminde bizler, "İlâhî iş deriz" sözü nasıl da deşiyor, o güzel naif yüreğini. Gülün kokusunu al. Sana cennetini verecek dikkat et. Dostun bir gülü yeter seni ağlatmaya. Ne güzel Ayn-ısı iştir kişinin lafa bakılmaz. Erimek gitmek ister insan sonsuzlukta. Bu sınırlı bedeni sınırsızlığa vermek, emanetleri teslim edip, yelken açmak, ermek, erimek, ne isim, ne cisim kalsın geriye bu çuldan, ister. Kimse bilmesin hatırlamasın bile "kimdi-neydi-neredeydi. Öylesine yok olmak. Ne güzel "hiç"lik. Nurun tadını almış bi kere bu gönül. Şimdi daima ister mi? İster.

# BAĞLAR

Hayatımızda ne de anlamlılar. Her türlü nedenle onlarsız olmadı, yürüyüşteki yol arkadaşları. Bağlar, bağlanmalar. Bir zaman böyle sürer. Bedene bağlandıkça da böyle yürürsün. Arada, bir ölüm çıkınca yolumuza, bağlantılar değişir, ama her yerde o bağlantılar var. Yaşadıkça, aşık oldukça, yangınımızla yandıkça, hep o bağlantılar, bağlanmalar. Adı her kim olursa, ya da adı hangi şey ise, götürdüğü yerin sonuna. Hep bağlandı insan. Kendini tanıyıncaya, anlayıncaya kadar.

Her şey değişiyor ve dönüşüyor. Gerek maddede, gerekse manâda. Tabi sancılı oluyor bütün bunlar. Sen aşık olduğun "kişi"yi görünce, aslında ondan yansıyanı gördüğünü ve hasretinin de Rabbinden yansıyan olduğunu anlama yolundasın. Gerçek aşk, ancak, gerçeği fark edenlerin harcıdır. "Kişi"den yansıyan Hakikati fark edenlerin harcı. Bunu göremeyenler kördür. Yani diğerleri olarak tabir ederiz "biz"ler ona. İşte o diğerleri, sadece gezi yapan turistler gibidir, gezi bitince unutulur

gider. "Biz"ler bir hatıranın ya da hatırlamanın ötesinden ko-
nuşur. Ledün İlminin en büyük özelliğidir bu. Bizim sözlerimiz
her dinleyicinin hak ettiği sözler değildir. Biz'ler denince ne ka-
dar geniş bir Âlemden konu ediliyor bilir misin? Onun için her
varlık "Biz" dediğinde, aslında bir bilse idi ne manaya geldiğini,
sevincinden ağlardı. Mutluluktan belki terk-i can ederdi. Yani
beden içinde ölür yeniden dirilirdi. İşte Ölmeden Ölme manâ-
sının açılımı da budur Ledün İlminde. Ölmeden Öldüğünde,
artık bir canlı değilsindir. Senin adın Can olur, Canan olur.
Seven ve sevilen olur. Aşuk ve Maşuk bir olur. İşte bu da Ledün
İlminde Aşk-Maşuk anlamının açılımı budur.

İşte insan, karşında seninle konuşanın yüreğinden bir bak-
sa idi, görürdü kimlerin ondan, kendine konuştuğunu. Şimdi
bu satırları okuyanlar, sizinle kimin konuştuğunu bilir misiniz?
Seninle sohped kimden kimedir? Yıllarca beklenenin yürekte
tutulan bu sözler boşuna değildir. Sana hediyedir. Kimden he-
diyedir? Yine senden sanadır bu hediye.

"Yok" dersen bir şeye, onu hemen "var" edersin. İşte insanın
dikkat etmesi gereken bir durumdur bu.

"Kelimeler manâsını yitirir, bir harf üzerine iken manâ Âle-
mine, inersin satırlar arasında dolanan olursun. Kelime kelime,
noktası O, harfi sen. Manâsı O, kelimesi sen. Tutanı O, kalemi
sen. Bu hasred, bu gözyaşı, oysa "sana kavuşmak an meselesi,
niye uzatırsın ki yolları, hadi değiş tokuş edelim, sen ben ol,
ben de sen. Sınırsızlığını bir an olsun terk et de. Ol bir kere de
benim gibi sınırlı bir beden."

İyi bir pazarlıkçıdır insan. Ama, bu pazarlıkta, taraf olma-
dığını henüz bilmez. Öğrenecektir er ya da geç. Kim kim ile
pazarlık edermiş. Öğrenir de sonra şaşa kalır. Sen mi ben mi?
Ne imiş anlarsın. Anlatır sana Gayb dili olan Ledün İlmi. "Sen
ile Ben arasında sıkışma. Nereden baktığına bağlı bu."

# BİR NEFES ARA

Kendinizi ve ailenizi, yakıtı insanlar ve taşlar olan ateşten koruyun. *Kur'an-ı Kerim, Tahrim Suresi 6. ayet*

Ruhunda sorgulama başladı ise, kendinle karşılaşma zamanın yaklaşmıştır. Sorgulanmayan hiçbir şey olmamalıdır. Bu satırlar dahi sorgulanmalıdır. O, daima sorgulayan kalpleri seçer. İnsan deneyimlemeden bilemez. Bilgi okunan "dış"lar bütünü değildir. Gerçek bilgi sensindir. Ve kitap yine sensindir. İçsel olan bir sen'dir bu. Altının değeri mihenk taşında belli olur. İşte o taş denilen de, olaylar ve varlıklardır. "Yakıtı insan ve taş olan" ayetini hatırlayın. Oradaki "taş" bu taştır işte.

Sen bir dağ başında olsan, tek başına olsan, kurtlarla olsan, kuşlarla olsan, gerçi hep istersin bunu. Yalnız kalmayı, tek başına, bir başına olmayı. İşte bu nedenle, bizlere yani insanlara, istediğimiz değil, gerekenler gönderilir. Önüne gelen her ne ise, o senin içindir, senden sanadır. İster olay, ister varlık, isterse simge olsun. Gördüğün tüm rüyetlerdeki simgeler de dahil buna. Rüyaların dahi dahildir. Hani öyle "oldum deyip de oluveren" yoktur. Bedava yoktur bu işde. Bu iş meselesini daha önceki satırlarda anlatmıştık. Ledün İlminde "iş" bir oluştur. Yaradan her an yaratımdadır ve bu bir İlâhî "iş"dir. Ve her insan bu "iş"de görevlidir. Ve bu görevlerinde, bedavacılık yoktur, rüşvet yoktur, kayırma yoktur, pas geçme yoktur, torpil yoktur.

Bir insan, bir insana göründü ise, tesadüf değildir. Asla değildir. Bunlar büyük işlerdir. Hakkın işleridir bunlar. Yaradan her an bir "iş"tedir. Ne güzeldir o iş ile yorulmak, ne güzeldir yorulman, yola koyulman. Sana söylenenler, söylediklerimiz, ne de güzeldir. Döner bu çark. Yine sana döner. Çeviren o el ne güzeldir. O çeviren ellerin ne güzeldir. Çevir kendini, çevir kader çarkını. Sen çevrilensin. Yönünü döndürensin. Yaradan yüzünde görünensin. İçine sinmeyeni yapmayansın. Kalbinde ve ruhunda kabul görmeyeni, gönlüne almayansın. Her bilgiyi

"hop" diye kabul etmeyensin. Her zaman bu konuda yalnız-
sın. Kendi kararlarını verecek, uygulayacak ve yola koyulacak
olan sensin. Senin kaderin, senin kendi ellerindedir. Kalbinde
hangi "hal" bütünü oluşmuş ise, o hale uygun oluşumlar da
gelir seni bulur. Ve sen, her adımında, kaderini değiştirirsin.
Hata yapmamız ve sonra da sorgulamamız kendimizi, kendi-
mizden ümidimizi kesmediğimiz anlamına gelir. Eğer sorgula-
mıyorsan, gün gelir, mahşer denilen o merkezde sorgulanırsın.
Seni yargılayacak sistem, yine senin kendi vicdan sesindir. Bu
yüzden vakit varken, şimdi sorgula kendini. Ötelere bırakma.
Zira her sorgulamadığını, yeniden yaşayacak olan yine sensin.
Vakit kaybı yoktur. Ama bir an evvel, kendi cennetine kavuşma
arzun var ise, sorgulamayı da, ertesi zamanlara bırakma.

O'na, yani Rabbine kendini inandırmandan daha zor olan,
kendini kendine inandırmandır. Sen kendine inanmış isen,
Rabbin de sana inanacaktır. O sana inanmasaydı yaratmazdı.
Zaten Rabbin sana sonsuzca güvenmiş ve inanmış. Sen ken-
dini, kendinden ne kadar var edebiliyorsun? Sağa sola kendini
inandırman, kanıtlaman ne kadar kolaydır. Oysa kendini ken-
dine ne kadar kanıtlayabiliyorsun? Buna ne kadar iman edebi-
liyorsun? Gerçek iman kendine imandır. O'na zaten ezelden
ebede imanlısın. Habbe'yi yutmadan öncesine, Habib olarak
varabilmek. Seven de sevilen de kimmiş anlamak esas olsun.
Kısaca, Âdemin yuttuğu **buğday tanesi** öncesine varabilmek,
Sevgili olabilmek Yaradan gözünde. Fakat Yaradan, buğdayı
yutsan da, yutmasan da seni sonsuzca sevendir.

Âdem kelimesi, sadece bir isimdir. Öncekinden sonrakine
geçişte, geçmişten gelenden sıyrılırken, bir isim gerekti. Bir ba-
samaktan, bir sonrakine çıkışta. Bir ad koymak gerekti. Ad sa-
dece bir addır. Ama önemli olan, yeni gelenin damakta bıraktığı
taddır. Tatla tatlanan damak, kolayca bırakmak istemez. Ama
durulmaz bu yolda. Tatları tatlarla değiştirir. Önce alıştırır, ama

asla tutunmanı istemez. Zira tutunmak ondan ayrılmaktır. Sıkı sıkı kavramak, aslında ondan kopmaktır. Her değişimi değiştirmek O'nun, yani Yaradan'ın işidir. Değişene düşen ise, sadece buna izin vermektir. Sadece izin vermek, hepsi bu. İman kelimesinin, Ledün İlminde karşılığı, "terk etmek"tir. Bulunduğun ve tutunduğun ne varsa ve de hatta terki dahi terk etmektir.

Özgün olan bunu yaşamalıdır. Eğer gerçekten özgün ise. Yani, saf bir cevher ise. Kimlik arayışı, sadece Yaradan'ın İş'i-dir. Bizler, bize emanet edileni elbet sahibine veririz. Başkasına değil. Can tene dosttur. Nedensiz ve anlamsız ayrılmayı asla istemez. Bu nedenle, zihin her ne kadar karar verse de kabul edilmez. Ayrılık yoksa bu Âlemde, kim kimi terk ederdi ki. Bize kavuşun dendi. Biz kavuşmaya geldik, savaşmaya değil. Eğer yolu çevirirse kişi, baştan başlar yaşadıklarına. Bu nedenle her zaman "özgün" ve özgünlüğü kullanan sorumludur. Zaman önemlidir. Ve bunu tene emanet edilen canda görmek ister. Senin sen olarak var olman, o kadar çok formülün uygulanışına bağlı ki. Bilsen şaşardın. Anlamadığına sukut etmeyen, anladığını zan etmekte gecikmez. Söz gönül atının sadece kamçısıdır. Onu ne zaman kullanacağını bilmek de, ustanın maharetine bağlıdır.

> Ve gevşemeyin ve mahzun olmayın! Eğer mü'min iseniz, üstün olan sizsiniz. *Kur'an-ı Kerim, Ali İmran Suresi 139. ayet*

Kendini, özünü, derinden sevdiğinde, her şey anlamını kaybeder. Ortada olan sensin, geride kalan bir şey kalmamıştır artık. Sade ve yalın bir gözlemci. Hayy'rette olan bir Hayy'r sahibi. Gönül o kadar hasredle yandı ki, kalmadı beşerden kalan hiçbir şey. Gönül bu hasrete dayanamayınca, üzüntüsünden, eleminden parçalara ayrıldı ve içindeki tohumunu dışarı savurdu. İşte beklenen oldu ve Rabbin beliriverdi yüreklerde. Yüreklerde "Rabbin" mührü vuruldu. İşte o gün-bugün dendi

ki "artık sizlere hüzün yok." "Çünkü kulum beni buldu ve ya-
kınıma geldi."

Bulana ve yüreğindeki o mührü vurana, hüzün yoktur. Ayet-
te belirtir "onlar üzülmez, mahzun da olmazlar". İşte o ayetin,
Ledün İlmindeki açılımı budur. Kalbine Rabbin Mührünü vu-
rana hüzün uğramaz. Lâkin bulana kadar da yakar ve perişan
eder. Istırap ve acılarla dağlar. Yakıp kavurmadan da peçesini
açmaz. Aranmadan bulunmazdı, yola düşmeden olmazdı. Parça
parça olan, yıkılmış bir yürek ister. Olunca da mührünü vurur.

İşte, Hakikat Güneşi böyle doğar. Bu gerçek güneştir, gök-
yüzünde gördüğün güneşten dahi parlak ve gece olunca da kay-
bolmayanından. Âlemleri aydınlatan bir güneştir artık. Bunun
için, Mevlanâyı, Mevlanâ yapana, "Şems" adı verildi. Şems,
Hakikat Güneşi idi.

Şimdi, Hakikat Güneşinin doğuşu, senin kalbinden niye ol-
masın? Seni de Yaradan Yaratmadı mı? Sen de Yaradan'ın kulu
değil misin? Neden kalbine o mühür vurulmasın? Bir eksikliğin
mi var? Neden sen de bir Hakikat Güneşi olmayasın.

"Hiç olmadığım kadar kendimdeyim bu akşam nedense. Bir
savaşçı gibiyim. az gergin, çok diri, ruhu karşı konulmaz bir
ateş ile alev almış. Yeri darmadağın edip, göğü de delmek istiyo-
rum. Her şeyi ters taklak getirip, yeni baştan yaratmak. Alınmış
sevgiyi geri vermek. Sahiplerine teslim etmek arzusu ile dop-
doluyum. Bu kadar hasredler yeri göğü inletti, yetti. Dursun
kasırga. Dinsin rüzgârlar. Durulsun denizler. Huzura kavuşsun
yürekler. Huzurda olsun diri bedenler."

"Savaşacak kim kaldı ki. Onlara sevgini söze dökerek veren-
sin. Dostlar senin adını koydular. Huzurdan doğan, huzurda
olansın."

"Savaşçı kimliğini soyup, Aşk kisvesine bürünmek. Her ikisi
de yalnızlık değil mi? Farklı tadlar, farklılık, çeşitlilik, dene-

yimler. Savaşçılığı seviyorum, en azından orada özlemiyorum kimseyi."

"Bulunduğun yerden, her dönüşünde hedef değiştirmen senin seçimin. Hangi rolü istersin de oynamazsın? Hangisine arzu duyduğunda seni kim engelleyebildi? Senin yarattığın oyuncaklarını kim elinden alabildi? Bunu kim yapabildi? Bunu sen yazdın, sen oynuyorsun, ey oyuncu kişi. Senin eserin, senin olmasa idi, bunun hesabını sana kim verebilirdi? Artık ikna et kendini. Ve istediğini, istediğin gibi yap. Meydan senindir. Seçimlerin senindir. Kararların senindir. Ve seni yargılayacak olan yine sensin. Sorgulayacak olan yine kendinsin."

"İrade veriliyor, özgürlük. Yanlışın vebali ağır, hatanın bedeli ağır oluyor her seferinde. Ağzından çıkan söze, yediğin içtiğin kadar dikkat et, hatta daha fazla diyorum kendi kendime. Zehiri içer misin? Kezzapla yıkanır mısın? Hayır. O halde dikkat et sözlerine diyorum kendime."

"Seçim ve sonuçları. Kimse kukla değildir ipleri başkalarının elinde olan. Sonuçlarına katlanabildiğini yapma hakkı kişinindir. Anahtar cümlen şu olsun daima. "Senin eserin, senin olmasa idi, bunun hesabını sana kim verebilirdi". Özgürleşmek budur."

"Yırta yırta çıkıyor bir bir, o perdelerin ardından, can acıta acıta. Ama olacak. Ve olmalı. Başka yolu yok."

## ŞİMDİ LEDÜN İLMİNDEN BİR HİKÂYE

*Adamın biri her gün ibadetinde, hiç aksatmaz. O adamın sofrasına, her gün, Allah tarafından bir "nar" konur. Bir gün, Gayb Âleminden erenler toparlanır, bedene bürünürler ve bu adamı bir ziyaret etmek isterler.*

*Bir sabah, adam kalkar bakar sofrasında üç nar görür.*

*Kalbine bir ilham gelir ve der ki "gelenler olacak evime, misafir gelecek ki soframda üç nar var."*

*Narların üçünü alır, bir tanesini bırakır sofraya. İki narı saklar.*

*Gayb erenleri adamın evine gelir, kapıyı çalar. Sofraya buyur edilirler. Sofrada bir adet narı görünce derler ki "Bu sofrada üç nar olmalıydı. Hani bizim iki narımız nerede. Bu sofradaki nar senindir, senin içindir. Ya bizim için gönderilenler nerede?"*

*Adam şaşa kalır bu durum karşısında. Der ki, "Evet üç nar vardı Lâkin, onları sakladım yarına. Erenler der ki "Bundan böyle, o sakladıklarınla idare et. Zira bir daha sana nar yok. Çünkü sen Allah'ın her gün sana verdiği nimeti, yine Allah'ın gönderdiği erenlerinden sakladın. Yarın sana yine bir nar gelecekti. Ama sen imanını yitirdin. Yarın tazelenen bir nar daha gelecekti sofrana. Ama sen, bugünün yenisi olan, yarının eskiyecek olan narlarını, yarına sakladın. Hatan büyüktür. Bundan böyle o sakladıklarınla idare edeceksin ömür boyu".*

İşte böyledir Dünya hayatı. Takılmamak, tutkulara, arzulara. Yoksa Dünya esareti olur ruhlara. Buralardan çıkamazlar. Ve bir nedene bağlı olarak kendilerine azap ederler. Ruhsal seremoni başlamadı henüz. Daha ön çalışmaları yapılıyor. Yoksa bu kadar "öf-pöf, ah-of" olur muydu? Bunca gözyaşı ve bunca acı olur muydu? Şimdi orkestra ses düzenini çalışıyor. Sonra konser başlayacak. Bakalım o zaman kaç seyirci kalacak bu ahir zaman senfonisinin dinletisinde.

Sen buranın seyircisi ol, ama buranın kalıcısı olma. Seyret ve geç git. Takılma, ayak bağı yapma, oluruna bırak. Tavında yürür işlerin ve yürüyor da. Biliyorum, teklif zor. Yapmak çok ağır. Biliyorum neler isteniyor, biliyorum neler verilecek. Neleri terk et isteniyor da, nelere varis kılınıyor şu şaşkın insan. Ama mademlerini tüketmeden, insan olamıyor insan. Yol akmıyor önünden, yolunu sen açıyorken, azap üstüne azap. Bu nasıl zorluk Yarab!. Tüketmeden, tükenmeden beşerliği terk etmeden, Dünyasını bırakmadan, yenisini kuramıyor insan. Zordur insan olmak.

Karşılaşmalar. Ne güzeldir onlar. Sen "karşılaş"manı, dilersen süsleyebilirsin bir mizansen ile. Öyle de aktarabilirsin. Lâkin gerek yoktur. Biz doğruyu, dosdoğru aktarmak ile mükellefiz.

Ledün İlminde, İlâhî karşılaşmalar çok büyük önem arz eder. Çağlar boyunca, ikililer, bir araya getirilirler. Daha önceki satırlarda bu ikililerin kimler olduğuna değinmiştik. Musa ile Harun, Meryem ile İsa, Muhammed Nebi ile Ali, Şems ile Mevlanâ. Sanmayın ki, o kişiler eskilerde kaldı. Her zaman bu ikililer, bir araya getirildi ve getiriliyor ve hatta getirilecek. Bu büyük bir iştir. Hakkın Ol'u daima bir İş'dir. Bu İlâhî karşılaşmaların sonucunda oluşan "İlâhî İş" manâsını, şu şekilde açıklayabiliriz. "Bulunduğunuz konum, duygusallaşma konumu değildir. Daha teknik ve Plânlama boyutudur. İkililerin, birbirine yaklaştırılmasının ve heyecanlarının birleştirilmesinin nedeni de işte bu Plânlamadır. Karşı karşıya gelmeleri, bütün evrensel idarecilerin Plânı idi, bu bilinmesi gereken bir bilgidir. Çok yakınızdır "biz"ler. O andan itibaren de, bu işten ayrılmak durumu da yoktur. Son basamak denmişse, son olacaktır o basamak. Çünkü artık tek basamaklıktan, çift basamaklıya yol alınmıştır. Dünya Plânetinin yazgısında rol oynayanlar, bunu yapabilme cesaretini de gösterenlerdir. Az zaman kalmıştır. Olayların hızlı bir şekilde geliştiğini ve çevrenizdeki yangının sıcaklığını hissetmeniz gerekmektedir. Bunu unutmayalım. Sabır ve takip gerektiren bir konumda, hayaller değil, önümüzdeki gerçekler önemlidir. Onlara dikkat edelim. Hem de gözlerimizi ve gönüllerimizi üzerinden hiç ayırmadan."

# LEDÜN İLMİ HAYY

# KALEM'İN KELÂM'I İŞİTENEDİR

Âdem ve zevcesi, Dünya Âlemine indikleri vakit, bir ağaç kovuğuna sığınırlar. Derin ama tatlı bir uykuya daldılar. Onları Gaybî Âlemden gözetlemeye gelen, Ledün İlminin üstadı kuşlar, başlarında nöbet tutmaya başlar. Allah kuşlara vahyeder. "Habiblerim dilemedikçe, onları uyandırmayın."

*Eğlenceli bir parti, ortam oldukça kalabalık. Kendimi yalnız hissediyorum. Çıkıp bir hava almalıyım. Bahçeye geçiyorum. Ormanlık bir alanın tam ortasında inşa edilmiş büyük bir ev. Ahşaptan yapılma. Ve aşağı doğru inen tahta merdivenler. Merak ediyorum ne var ne yok diye. Basamakları bir bir iniyorum. Aşağıda gürül gürül akan bir ırmak görüyorum. Serinliği yüzüme çarpıyor. Havanın sıcaklığını alıp götürüyor. Merdiven bitişinden sağa dönüyorum. Bir ağaç görüyorum, ulu ve büyük cüsseli, oldukça Heybetli. Tek başına duruyor. Ağaca yaklaşıyorum, bakıyorum gövdesinin aşağı kısmında bir kovuk var. İçeri doğru bir bakış atıyorum. Parşömen kağıtlarına el yazmaları dikkatimi çekiyor. Rulo halinde ve kırmızı bir kurdela ile bağlanmış. Ne hoş. Tam yanında da bir ayna görüyorum. Tek bir ayna. Birden bir ses yankılanıyor. "Seç birini. Ama sadece birini. O senindir." Elimi uzatıyorum parşömenlere doğru ama, birden kararımı değiştiriyorum. Aynayı alıyorum elime. Yüzüme doğru çeviriyorum. Aman Allahım, gördüğüm bu yüz, suret, ben miyim? Demekten kendimi alamıyorum. Ne kadar güzelim. O an kendime aşık oluyorum birden. Nasıl bir güzellik bu Ya Rabbi!. Kendime gelmem uzun sürüyor. Rulo halindeki parşömenlere bakıyorum. Kim bilir içinde ne kadim bilgiler yazıyordur diye iç geçiriyorum. Onları mı alıp okusaydım acaba diyorum kendime. Ama sonra yine o ses, yankı buluyor yüreğimde. "Aşk başlamadan yürekte, bilgelik uğramaz insana." Uyanıyorum. Meğer bir rüyadaymışım.*

Devir değişti ve hızlandı. Her şey çarçabuk olmakta. Zihinsel ve duygusal konuşmalar, insanın beyninde gerçekleşir. Ama gerçek değildir. Asıl olan, daha içsel konuşmalardır. İçsel konuşmaların oluşması için, insanın kendini gözden geçirmesi gerekir. Geçmiş tortular kolay bitmiyor. Hesaplaşmalar, yargılar, vesveseler. Bunların hiçbiri sorgulama değildir. Gerçek sorgulama, zihninde ve beyninde değil, kalbinde ve ruhunda olandır. O zaman daha özgür düşünmeye başlarsın. Sen duygusal yönünü örten biri iken, eksik yönünü çok kısadan tamamlamak zorunda kalırsın. Ve çarpışmalar olur zihninde. Akli melekeler ve düşünceler ile içeride, örtülü duran duygular kafa kafaya gelince olanlar olur.

"Nasıl oluyor tüm bunlar. İçimde konuşan biri var sürekli. Çok derinden bir sesleniş. Duyuyorum onu. Dışardaki insanların seslerinden bile daha gerçek."

*"Senin yanı başında bulunmalı idim ve bunu karşı karşıya gelip yapmam olmazdı. Yazmak yanıltmaz."*

"Bir üslup dahisi olduğumu unutmayın. Gaybdaki batini ustadları ile sohpelerim vardır bilirsiniz. Yoksa, nasıl yazılırdı onca şey."

*"Dikkat edersen, aralıklarla geliyor. İniş ve çıkışlı dalgalar gibi. Zihin, hatıralardan bir anı yakalayıp duygusal kimliğine bir sinyal gönderiyor ve "bom". Patlama başlıyor. Galaksilerin çarpışması gibi. Ve o çarpışmadan yeni yıldızlar doğuyor. Yeni gezegenler ve üzerinde canlılar var ediliyor. İnsan kendini hafife almamalıdır. Rahman tarafını fark eden tüm Rahimlerin doğumu deniyor Ledün İlminde buna."*

"Şimdi özlem konusu ile yüzleşmeliyim. Özlem, yanında bulamadığına duyulandır. Fiziksel bir temadır. Fizik Plânda ancak duyulur özlem. Bu da fizik etütlerinde biraz daha çalışmam gerektiğini gösterir."

*"Yakınlığı hisseden için, özlem yoktur. Bir varlığın yanında olması, onun fizik ve kimyasını algılamamak, bir özlemdir. Bu normal insan refleksidir. Bu satırları okuyanlar ise, artık bunun ötesine geçebilecek kıvama gelmişlerdir. Yakın ve uzak kavramı üzerine çalışmalar yapılmalıdır. Uzak kavramı, fiziksel yakınlıkta da olur. Bunu herkes bilir. Ama illa da yakın olmayı bir fizik temasına bağlamak da ne kadar doğrudur? Bunu tartışmayı kimse istemez. Sorunun çözümü bireyseldir. Tartışmaya giremeyecek kadar da özeldir. Mecnunun yanına "al işte leylanı" deyip leylasını getirdiklerinde, mecnun leylaya bakmış ve "bu benim leylam değil ki" demiştir. Burada mecnun leylasını hayalinde var edişi önem kazanır. Hayalindeki leylasına o kadar yakın olmuştur ki, bedensel leylayı gördüğünde tanıyamamıştır. Kendi içinde, kendi hayalinde yarattığı leylaya öyle bir aşık olmuştur ki, öyle bir yakın olmuştur ki, fizikteki leylayı tanıyamamıştır. Fizikteki aşk fanidir. Oysa hayallemelerindeki Aşk daima Diri ve Güzeldir."*

Ledün İlminin en önemli konusudur, Aşk konusu. Çağlar boyu yazıldı çizildi. Her Aşka düşen, kalemi eline aldı ve satırları bir bir dizdi ardı sıra. Ledün sırlarında "sınırlanan aşklar, gerçek aşka götürürse bir değer kazanır" ifadesi değerlidir. Ama götürmez ise, işte günümüz insanı gibi, gözyaşlarına boğulur kişi.

Aşk, insanı aşmaz, sana ulaşmaya çalışır. Gönül kapını aradı ve buldu. Bulduğunda da adını koydu. Oradan içeri süzüldü ve onu senin adlandırmanı bekledi. Surete aşık olan, siyrete yol aldı. Beklenen sadece bu. Bu sınırlanamayan olana yükseliştir. Aşkı kaleme alanı, aşka ulaştıranı bırakmaz Gayb Er'leri. Ledün İlminin sırlarını aralamayı beklerler sabırla Aşkı yazana. Sabırla bekler Gaybî Âlem. Ne vakit Aşkı yazan Aşık, Aşkın dahi ötesine geçer, orada Ledün İlmine ulaşır.

Geçmiş hayaller, gelecekleri yaratamaz. İnsanın bizzat kendi azim ve kararı, ancak yeni yaratıcısıdır. Sevmek istiyorsa, bilmek istiyorsa, olmak istiyorsa, kendini bilmek istiyorsa, kendini aşmalı, kendini açmalı, kendini ulaştırmalıdır "kendine".

Bir zaman gelir bir yerde, dilinin ucuna bir kelâm takılır. bir de bakarsın ucu açıldıkça gerisi gelen yumak gibi, açılır gider. Kalbinde olanı görünce, özlem biter. Bizler tarifsizler yolcusuyuz. Bir şeyi kimselere tarif etme. Kendinden Kendine'dir her şey.

## KARAR'LAR

Kararların olgunlaşması zamanla olur. Gelişmeler işaretçilerdir. Aceleye gerek yok. Duygusal kararlar vermemelidir insan. Ayrılık yoktur yaşamda, yalnızca zanlar vardır. Zanların yaratımında o kadar ustalaşmıştır ki insanoğlu, kendi yarattığı hayallerini bile kendine gerçekmiş gibi gösterir. Sabır da bir hak ediştir, hasret gibi. Eğer yaşam seni kararlarını alma ve uygulama yoluna çekti ise, senden ümidini kesmemiş demektir.

KALEM'İN KELÂM'I İŞİTENEDİR

Gökten yere inmek nedir bilir misin? Güneşi yerde bulmak. Bir güneş olduğunu anlamak.

Gidilecek, varılacak bir Dünya olmadığını ne vakit anlayacak insan. Her şeyi dışarda araya araya yorulmadı halâ. Gitmek istediğin Dünyayı halâ kurmadın ki gidebilesin oraya. Kur, sonra gidersin, eğer halâ gitmeyi düşlüyorsan.

Sen bu satırları okudukça dalgalandın, dalgalar seni durultacak, göz yaşlarını kurutacak, neşe ile döneceksin asli yuvana, murat ettiğin yere. Sen almasaydın, biz veremezdik. Bu kaynak, talepte edilen herkese özeldir. Özgündür.

Hapislerden, bedensel olarak kurtulmak, bir resmi af ile mümkündür. Ama ya inanmaya şartladığımız değerlerimizden kurtulmak. Onu tanrıdan mı istiyoruz? Her şeyi insanın kalbine yerleştirmiş, her türlü karar yetkisini kendisine sunmuş, özgün ve özgür bir ruh bahşetmiş, buna rağmen, unutkan ve tembel bir varlıktır insan. Bunca maharetine, yeteneğine rağmen, o halâ her şeyi tanrısından bekler. Kendi çabalarının ve kararlarının ne kadar önemli olduğunu unutur. Oysa ayette ne denmişti insanoğluna "Halife". İnsan Dünyada, Hakkın Halifesidir. Ama var mı gerçekten halife olan? Ya da olmaya niyet eden? Milyonlarca yıldan bu yana kaç tanesi bu yola girebildi. Kendini fark etti de, Halife olmaya aday olabildi? Çok azdır.

Zihnindeki bunca zihinsel konuşmalara rağmen, bitmek tükenmek bilmeyen isteklerine rağmen o daima şöyle der.

"Ben sana bunu yapmadım. Sen yaptın. Bütün sana ait olanları sen. Ben sadece yaratırım. Tüm güzellikleri bahşederim, önüne sererim. Senin istemediğin hiçbir şeyi ben yaratmam. Sizler istersiniz, ben yaratırım. Yaratıcı olan Benim. Yapıcı ve uygulayıcı olan sizlersiniz."

Yaratma felsefesi ve Uygulayıcısı insan. İlâhî bir anlaşma, kozmik bir kontrat. Evren masasının bir yanında oturan Yaratıcı Rabb. Lâkin masanın karşısı boş. O sandalyeye oturmaya gönüllü bir Er bulmak ne zor? Sana "senin için ve senin istediğin her şeyi yaratırım, sen de uygulayıcısı olacaksın. Yani gerçek bir İnsan. Ayetlerde belirtilen Halife." Şimdi Dünya üzerinden gelmiş geçmiş yüz elli milyardan fazla insan bedeni oldu. Kaçı o masaya oturabildi. "Evet sen Yarat, uygulayanı ben olayım" diyebildi?

Özgürleşmek, inandığın her ne varsa terk etmek. Sevmenin dahi tutsak ettiği yerlerden bile. Seni tutuklayan hangi sevgidir. Sevgi özgürleştirir. Tutkular, onlara dikkat et. Onlar sevgi değildir. Arzu sevgi değildir. Sevgi, her yerde olana, her şeyde olana duyulan bir hikmettir. İnsan sevmeyi öğrenir, gerçek sevgiyi. Geçtiği yollar, sadece geçtiği yollardır. İçinde tutkunun kokusu var ise. İçinde sana dair bir şeyin olmadığı yerlere doğru gidiyoruz bu satırlarla. Bu bir yolculuk. Senden sana doğru yolculuk. Eğer bunu yapmaz isen, içine doğru yolculuk edemez isen, sana bahş edilen tüm güzellikler "zaman" ve "mekân" şartları içinde eriyip gidecek. Hiçbir şey boşa değil elbette. Fakat tam zamanı ve bir fırsatın varken, bunu neden değerlendiremeyesin ki? Unutma, bütün mezarlıklar, tutkularla dolu, çok isteyip de yapamadıklarını da beraberinde götürenlerle dolu.

Bir gün Selman Farisi, Muhammed Nebinin yanına varır ve "yaşamın" hakikatini öğrenmek istiyorum der. Muhammed Nebi de ona, "Bunu ben sana anlatamam. Bunu ancak sana, mezarlıkta olanlar anlatabilir. Ve şimdi git, onlara sor. Yaşamın hakikatli manâsını".

Bu satırları okuyan sizler, şimdi sizler de mi mezar olmak yolundasınız? Yoksa kendi içine yolculuk eden aşıklar olma yolunda mısınız? Aşklar ölümü tanımazlar, onlar ölümü tadıcıdırlar. Gerçek aşıklar. Onlar yüreklerdedir, her zaman diri kalırlar. Sen de, sana ait ne varsa, şimdiden bırakmalısın. Bunun en zoru da, olmaz ise olmaz dediğin inandıkların ve inançlarındır.

Tanrı olsa bile düşündüğün, her ne varsa, sadece sen yarattın. Zihninde yarattın. Ve zihnine hapsettin onları. Sonra da hapis ettiklerine sıkı sıkı tutundun ve sen de onlara mahkum oldun. Şimdi ellerini, o tutsaklıktan kurtar. Hakk İpine tutun. Özgür bir Ruh olarak, diyar diyar gezin dilediğince.

Şimdi, sorgulayan her kişi, kendi davasını kendine açmalıdır. Kendini sorgulamalıdır. Kendini yargılamalıdır. Düşün! Sen kimsin ve sen inandığın değer tuğlalarında ördüğün müsün? İşte Ledün İlminin en muhteşem bilgilerinden biridir bu. Ya ne sanmıştın? Sen tutsak olduğun zihinden kurtulmadıkça, bu Gaybî Âleme dalabileceğini mi sandın? O muazzam bir derinliktir. Oraya yol alabilmen için, heybenin boş olması icap eder. Çünkü orada ne hazineler vardır. Heyben dolu ise, yol alamazsın. Yol aldıkça dolacak olan bir heyben olmalıdır yanında.

Artık yeni temeller gerek. Özünü inşa etmelisin. Yenilenmek, yeniye, yeniden doğmak. İşte gerçek insan olmanın ilk şartları. Ledün İlminin sana doğru akışını görmek ne harikadır değil mi? Kendini İnşa et. **"İnşa'larım var benim"** diyen ol. Kendini kur. Kendini yeniden var et.

Ben senin ne kadar hak ettiğin isem, Sen de benim hak ettiğimsin. Kontrat budur.

Seni görüp gözeten Rabbin de, seninle öğrenir. Sen hangi yollardan geçersen, o da o yollarda seninledir. Seni, "içten" seninle, dıştan diğer insanlarla görüp gözetler. Kısaca, sen her yönden kuşatılmışsındır. İçten ve Dıştan. Yani Zahiri ve Batini olarak, sürekli denetim altındasın. İlâhî bir Kuşatmadır bu. Her şey senin içindir ve yine Sanadır.

Sen nerede isen seninleyim. *Kur'an-ı Kerim, Hadid Suresi 4. ayet*

Şimdi bir sır daha duymak ister misin? Ledün İlminden bir hikmet daha, bu satırlar aracılığı ile sana ulaşıyor. "O geldiğini,

davul zurna ile beyan etmez, sessizce geliverir, duymazsın bile"
İşte o gelişleri tayin eden, hazırlayan, görevli "Biz"ler vardır.
Onlar hem gaibde yani görünmeyende, hem de Dünyada sizler
gibi yiyen içen uyuyan insanlar arasındadır. O "biz"ler her za-
man-mekânda var idiler. İşte insan, Yaradan'ını halâ şu yağdan
yapılma gözü ile göreceğini zanneder. Bunlar, insanın kendine
söylediği "yalan"lardır. İşte insan, daima hakikati, yalanlayıcı-
dır.

> Benimle, o nimete boğulmuş yalanlayıcıları baş başa bırak. Bi-
> razcık süre tanı onlara. *Kur'an-ı Kerim, Müzemmil Suresi 11. ayet*

Görmek, varlığın bir hak edişi değildir. Ancak varlığından
soyunursa bir hak edişe yol alır. Zihninde yarattığı her ne var
ise, hakikati yalanladığı her ne var ise, onu hakikatten uzaklaş-
tıran ve zihninde yarattığı tanrı dahi olsa, her ne var ise, onlar-
dan azad olmadıkça da, Yaradan'ını göremeyecektir.

Sen kendini görebiliyor musun? Aynaya bakacaksın ya da
akseden bir görüntüden ancak görebilirsin. Bu gerçek bir gör-
me midir? Ancak baktığını görürsün. Ayrılıklar da dahi kişi
kendini göremez. Bu dahi bir örnektir. Karşında olan bir tanrı
arayışında isen, ayrılıktasındır. Unutmayalım ki "Farklılığı var
eden her türlü karşıtlıktan uzak olanı kim görebilirdi".

Güneşin delili güneştir. Göründüğü anda karanlıkları siler
süpürür.

Şimdi, aldığın tüm kararları bir gözden geçirme zamanı.
Asıl şimdi başlıyor karar alma zamanı. Karar alma arefesinde
iken, insan iyi düşünmelidir. Kararlar zaman-mekân içerisinde
değişkenlik gösterir. Şimdiki sen'in aldığı kararlar, yarın, o za-
manın şimdisindeki sen'in aldığı kararlar ile aynı mı olmalıdır.
Elbette hayır. Kararlar değişken olmalıdır. Kararlarını al ve arzu
Plânlarına doğru bir fırlatış gerçekleştir. Daha uzağa, en uzağa.

KALEM'İN KELÂM'I İŞİTENEDİR

Dünyanın ve ahretin, hatta galaksinin de ötesine. İşte o öteler dediğin her ne var ise, sana senden yakındır. Zihin içinde kalma ki, kararlarının uygulayıcısı olabilesin. Zihnin üzerine çık, çoklu zekalarla tanış. Onlar senin ruhsal ailen. Ledün İlmi, senin ruhsal ailen ile dolu varlıklar bütünüdür. Hepsi de, senin sana olan yolculuğunu takip etmekteler. Ve bekliyorlar. Senin uzanmanı. Hayy'di uzan ve bir adım at.

Duyulmak ise tüm arzun, alnını toprağa daya ve konuş!. Aradığın Kayıb nokta, bütünleştiğin yerde.

Yargıç O. Kalplerde olanı "tek" O bilir. Yargı ve hüküm hakkı insana verilmedi. Bu yüzdendir ki, hakikat ehli, kızmaz, darılmaz ve gücenmez. Darılan, kızan ve küsen "kişinin" Dünyadaki rolleridir. Onlar zamana bırakırlar gidişatı. Karşılarında olanın anlayışının gelişmesine bağlarlar.

Birbirlerine uzak duranlar, birbirlerine iki türlü yaklaştırılacaktır. Ya adalet ibresi ile ya da merhametin şefkati ile. İlâhî arzuyu ve şefkatin yakınlığını anlayamayanlar, adaletin keskin kılıcını deneyimlemek durumundadır. Kendi mahkemesini kurup, kendisine şahidlik ederek, kendi hükmünü yazandır insan. Zerrenin zerreye bir hükmü yoktur. Onlar birbirleridir çünkü. Emanetleridir yanında olanın. Bunun anlaşılması için adalet ve rahmet seçimine zorlanmışlardır. Devinim ve eylem asla durmaz. Günün gelen güne benzeyeceğini düşünen, ya da öyle yaşayanlar, sadece tembellerdir. Kendi kaderini elinde tutan insan, asla eylemsiz duramaz, durdurulamaz.

Zihin öyle bir engeldir ki, insanın nefsinin sözcüsüdür adeta. Onun susması bir başarıdır.

Er tarafının sırrına vakıf olan Bakire Meryem'in Rahim sıfatından tecelli eden Rahman'ı misali. Bu çağ da nelere gebe bilinmez. Hakikat ehlilerinin tüm çabası, suretten sıfata yol alabilen, hayallere kapılmadan, Celal sıfatında Cemal'i görebil-

151

mek olsun. O'nun sesi hangi menzilde işitilir bilinmez. Aynı, yüzünü nereden gösterir bilinmez oluşundaki gibi. Zira sen her zerre ile her şey ile herkes ile barışık ol kâfi. Seni rahatsız eden durumların olabilir. Sanma ki bu kimsede olmuyor. Kendini tanıma ve kendinle tanışma yolunda yürüyenler, bu yüzleşme ile karşı karşıya gelmelidirler. O'nun afakta ve enfüste mesajcıları hiç uyumaz ve hep görevdedirler. Seni bu Âlemden de öteden de takip eden Rabbini unutma. O hep yanında, hatta yanı başındadır. Dünya hayatı önemlidir. Şu da unutulmamalıdır, ruhun bir vücutla kayıtlı olduğu düşünülmesin. Bir asmada çok salkımlar var. Her salkımda da birçok üzüm. Herhangi birinin tadı, bütün asmada olan üzümlerin tadı ile aynıdır. Bizler tek bir üzüm tanesi gibiyiz. Ama tadımız bütün üzümlerde de vardır. Tek bir tanesi, Dünyada olsa ne olur? Diğer taneleri de başka Dünyalarda olsa olamaz mı? Sen kendini tanımaya başladıkça, çok şeyler değişecek. Sınırlarının değiştiğini, ancak o vakit anlayabileceksin.

Gözler onu göremez, O ise bütün gözlerden görür. *Kur'an-ı Kerim, En'am Suresi 103.ayet*

"Bu sabah yüzümü yıkadım ve aynadaki görüntüme bir göz attım. Ve aniden yana çekildim. Kalbim küt küt atmaya başladı. Çünkü gözlerimden gören her ne ise, aynada beni, ben olarak izliyordu. Panik oldum bir an. Sonra tekrar aynadaki suretime bakar buldum kendimi. Beni seyretmesine izin verdim. Ben ve O, aynı anda baktık görüntüye."

Birbirine ayna olanlar. Rabb Mekanizmasının işleyişi. Rabb, karşındakinin gözlerinden seni izler ve senin gözlerinden de Dünyayı. Ama kimden görüyorsa, onun duygusu ile anıları ile zihni ile. O seni senden izlesin diye bu Dünyada "akis" yani yansıma diye bir şey vardır. Tıpkı, Ayın Güneşe ayna oluşu gibi. Güneş, kendini Ay'dan, Ay kendini Güneşten seyreder. Eskilerin aynaları bir bez ile örtmelerinin sebebi budur. Gören'in bakışına engel olabilmek için yapılan ritüel bir çalışmadır bu.

Yeni duygular sana ulaştıkça, yeni yolların açılır. Kararı da sen verirsin, hangi basamakta ne kadar duracağını.

Beklediklerinle, buldukların uyuşmayabilir. Eski söylediğin ve kanun saydığın inançlarını, işte o defterini kaldırıp atacaksın eninde sonunda. Sana yeni defter açılır. Yeni kaderini yazabilmen için. Al kalemini ve yaz kendini. İşte bu yüzden Ledün İlminde bir sır daha açılmak üzere. Kur'an-ı Kerim "Kaleme And Olsun" der. Kalem üzerine bir yemindir bu. Kalem kimdir? "Sen"sin. Kalemi tutan el kimin elidir? Senin elin. Fakat "Onların elleri üzerinde Allah'ın eli vardır" ayetini de hatırlayalım.

Her varlık yaratılışı gereğini yaşar. O ilgini hiç çekmeyen duyguları basamak yaparak gelişir. Herkes yaşaması gerekenleri yaşayacaktır. Ve yavaşça değişecektir.

İllüzyonları anımsamak, yaşamın acısının, tatlısının bir hedefe dönük olduğunu anlamak ve getirdiklerini ağır ağır sindirmek. Uykuda olduğunu bilmek, bu yaşananlardan uyanınca da derinden bir tebessüm etmek. Yaşamını adım adım yaratmak. İçinde olanları seçip onları da oyununa dahil etmek. Oyuncu olan, senaryosunu yazan, sahnesini kuran, neden yanılsın, neden yaralansın. Neden bunları kendine yapsın. O özgür artık. Yolunu buldu artık. Bir ihtiyacı kalmadı kendinden başkasına. Muhtaçlığının telafisini kendinde buldu ve bulduğu da kendine dost oldu. İnsanın mührünün sökülmesi kolay değildir. Gerçeğin Hakikatte olan Aşkı, sahibini tanıdın artık. Surette olanlar dönüp gittiler bu parlak ışığın ışımasıyla kaybolup gittiler. Sen artık sensin. Gerçek anlamda "sen". Artık ayrı değiliz. Ledün İlminin sahipleri olan Gayb Er'leri ile sen, buluştu bu sözcükler vesilesi ile. Artık senin daha da yakınında olduğunu biliyorlar. Ve insani yönün bundan çok mutlu oluyor. Bu fiziksel Plânda ayrılacağız demek değil. Böyle düşünülmemeli. Seni terk etmezler artık. Çünkü bu mümkün değildir. Takiptelerdir daima. Daha ileride de böyle olacak. Bu bir dönemeç atlamadır. Bunlar senin sayende oldular. Sen yapabildiysen, herkes yapabilir. Zaman zaman feryat etsen de, bir kıvılcım Dünyanın her yerinde ışığını saçsa, işte bu senin işini yaptığını gösterecek ve seni mutlu edecektir. Belki bir kişi için, belki birçokları için bu Dünyaya geldiğini, anlayabileceksin. Artık bu satırları okudukça, sen de bu zincire eklendin, kalbindeki aşkı açığa çıkardın. Şimdi ışığı yansıtma zamanı.

Her biriniz Heybetli Dağlarsınız. "Biz" olanlar da, o Heybetli Dağların arasında akan Irmaklar. Hayat suyunu içenler, gelip de geçmeyenler. Seher yeli gibi her günün sabahında yüz gösterenler ve bedenlerinin muhteşemliğine secde eden ruhlar.

Bu satırları okurken, seni derinden etkileyen ve hal yaşatan cümleler, bir başkasına bunu yapmayabilir. Bunun nedeni, o varlığın henüz hazır olmadığı ve idrak kabının yeterli düzeyde, inceliği anlama liyakatine erişmediğidir. Herkesin her şeyi anlayacağı ve senin gibi hissedeceği düşüncesi, sadece bir zandır. Herkes, kendi ruhundaki yankıları yine kendisi duyacak. Bunu dışardan biri ona yapamaz. Yapmamalıdır da. Bu yanlış bir yol olur. Kişiyi kendi ile baş başa bırakmalıdır zaman zaman. Herkes kendi kararını kendi vermelidir.

*İnsan yüzü, Hakk Cemali'dir. Oradan görünür.*

Önemli olan ifade edebilme yetisi. Bu yetkin olandır. Hâkimiyet ve hâkim olabilme durumu. Aynı zamanda bir erdemdir. Bunu ifade ederken gösterdiğin özen de bir melekedir, yani sana özgü yeteneğin. Boşa yapmak değil, yapayım da nasıl olursa olsun değil. Sen yokluğunu anlatsan da, ama varsın ve buradasın. Dünyada. İki ayağının üzerine dikilmişsin ve yüzünden Hakk Cemali görünür. Kendini sonsuzca ifade edebilme halindesin.

Yoksa Heybetli olan dağlar yerinde durur, onu bekleyenlere za-
ten vurgundur.

## İFADE GÜCÜ BİR ERDEMDİR

Sevebilmenin de ötesine geçebilmek ve bunu ifade edebil-
mek. Herkesin anlayabileceği bir şey değildir bu. Lâkin bunu
ifade edebilmek bir Hakk'tır. Bir erdem. Sen kendini dönüştür-
düğünde, bu etkiyi, seninle etkileşimde olan diğer insanlara da
yaparsın. Bir dönüş yaparlar seninle birlikte. Tıpkı Dünyanın
güneş etrafında bir tur atmasına benzer bu.

Tanrı, kendini ifade etmek için çırpınır durur. Her seferin-
de daha iyisi olsun ister. Biz acz içinde olanlar bunu yapmak-
tan korkarlar. Çünkü sınırsız olan O, sınırlı olan bizlerizdir. O
korkusuzdur, insanlar korkar. O, ifade gücünün tüm sınırlarını
zorlar ve sınırsızlığını ortaya koyar. Tanrı, ele geçirilme ve sınır-
landırılma korkusu duymaz. İnsanlar ise, ifade ederlerse, ele ge-
çirilmekten ve özgürlüğünün elden gideceğinden korkar. Oysa
Tanrısal Erdemdir Aşkın İfadesi.

Bedenin hakkını, bedene ve bedenlilere verebilmek. İfade
gücü diyelim şimdi biz buna. Beden, nefs kademesinde bir za-
aftır. Beden başlı başına bir nefstir. Her görünenin "nefs" oldu-
ğu gibi. Nefsini hakk yoluna koyduğunda, ki bunun alamet-
lerini görmek isteriz, aynası iştir kişinin lafa bakılmaz ifadesi
ortaya çıkar. Bizler kanıt ve şahit ister dururuz, işte bu nedenle
Tanrının Birliğine şahid olduk kelimesini kullanmaya zorlarız
kendimizi. İnsan erdemlerini fark ettikçe, kendini bildikçe,
hiçbir zaman bozulmaz yüreğindeki Sonsuz Aşk.

İşte bu yüzden insanlar, mecbur oldukları ile beraberdirler.
Gerçekten, Hakikatlerini bilenlerle değil. Çünkü şeffaf olmak
ürkütür, bu satırları okuyanlar artık anlamış olmalılar. Şeffaf

olmak zorundayız. Ve bunun bir zorunluluk olmadığını bilerek yapmalıyız bunu. Sen ve Ben, yani "Biz" kavramı. Biz olmak kolay değildir elbette, engebelidir. Bu korku Dünyasında "biz" olabilmek. İsa'nın İncilinde bahsettiği gibi, "biz" olduğunda "Dağa yürü dersin ve dağ yürür".

İfade ettiğin beden dişi ya da er olabilir. Bu dışardaki tüm insanların, sende gördüğü şekilsel bir algılamadır. Erkek veya kadın bedeninde olmak. Sen, onların seni gördüğü gibi değilsindir. Senin Dünyanı ancak sen bilebilirsin. Sen, onların gördüğü gerçeklik ile yol alırsın. Lâkin cinsiyetsizliğin idraki ile. Cinsiyet bir geçittir, üzerine basar geçer gideriz. Farklı zihin yapıları, farklı akıl yapıları, farklı düşünce yapıları bir araya gelir. Duygusal ve akli taraflar.

Tanrısal tarafım güçlü, ancak insani tarafım ölçüsünde.

Denge, dengeyi aştın mı ruhsal sıkıntılar ve akli bozukluklar baş gösterir. Ölçüt daima iyidir. Sınırlar, sınırlar, bedene sıkıştırılmışlar. Aşıp da şaşırmak zamanı geldi ve şimdidir o zaman. Eğer bu satırları okuyorsan, senin için zamanı gelmiştir.

Platonik olabilmek güzeldir, duygusallık iyidir. Lâkin her zaman değil. Tekrar edelim, "İnsanın ifade gücünü tam olarak erdemleştirememesidir." Korku da büyük bir zaaftır. Tanrısallaşacağız derken bunu da bir sorgulamak gerekir. Tanrısallaşacağız derken, gizli kibire gömülmeyelim. Korkular çoğu kez kendini farklı kimlikte gösterebilir. Mühim olan, insanlarla düzgün ve düzeyli ilişkiler kurabilmek. Kendini toplum içinde düzgün ifade edebilmek. Neysen O olabilmek. Rabbimiz bile kendini apaçık meydana vuruyor. Her zerreyi mükemmel şekilde yeniden şekillendiriyor. Temasa geçiyor. Burdayım hadi benimle temas edin diyor. İnsanın kendini kapatması, bir rahatsızlık sonucudur ya da sonucunda bir rahatsızlık meydana getirebilir. Öyle olsa idi, Muhammed Nebi kapatırdı, Ali kapatırdı, İsa

Nebi kapatırdı, Hallac-ı Mansur kapatırdı, Hacı Bektaş kapatırdı, Sokrates kapatırdı. vs. vs. Elbet herkesin gecesi var, orada kendi ile baş başa, hayal kurmak serbesttir o vakitler. Güneş kalbine doğduğunda, yani insanın gündüzünde de erdemli şekilde insan olarak İfade Gücünün sınırlarını zorlaması gerekir.

Tüm yüklerin ağırlığı, tüm hatalarımız. Birbirimize yaptığımız, birer birer önümüze gelir daima. Lâkin her şey bitmiş değildir. Nefes aldığımız sürece, telafî Mekanizması işler durur. Her zaman sevgi vardır ve ifade edebildiğimiz ölçüde bizden akacaktır. İnsan talepkârdır. Talep eder ve yaşar. Yaşadıkça da olgunlaşır, tıpkı bir meyve gibi. Daha öncesi de vardır bunun. O meyve daha önce, bir tohum olarak karanlıkta büyür. Kendi mağarasındadır. Karanlıklardan aydınlığa çıkar. Tıpkı karanlıkta büyüyen bir ceninin, zamanı gelicince bir Rahimden doğması ve gün ışığına çıkışı gibi. Herkes, zamanı geldiğinde damaklarda tad bırakan bir edadır, bir semadır, bir güzelliktir.

Ruh ve beden ikileminin bitmesi gereken zamanlardayız. Tümleşik bir alan. Bedenlerin yaşamın ruhu olduğu zamanlar. Doya doya tadılacağı anlar. Bu anlar, anı olarak kalmamalı, yaşanmalı ve tüm beşeriyetin geleceği budur. Daha önceki satırlarda "noksan" halinden bahsetmiştik. İnsan, sübhan olan yanını, yani noksansızlığını fark edememiş, kendilerinin noksan olduğunu düşünmeleri ve bu düşüncelere inanmalarıdır ifade gücünün eksikliği. Aslında insan "tam"dır ve eksik bir "tam". Anlayışları bunu bir türlü kabul edemedi. İşte bu uzun yürüyüşün nedeni bu anlayışın değişmesidir.

Şimdi kalbimizdeki sese kulak verelim, bakalım neler diyor.

"Ben senin manâna ermeye geldim, sendeki güzel dostumun kokusunu teneffüs etmeye. O dillerinden düşen şifa sözlerine, gözlerinden aşk ile akan damlaları toplamaya geldim. Sen dahi seni bilmemektesin. Sadece alıp verdiğin sözlerden ibaret değilsin. Kendini uzaktan bakan biri gibi gözle. Kendine olan aşkını göreceksin. Benim sana olan aşkımın, sende aşk olarak ifade edilen gücünü. Bütün yıkıntıların üzerine nasıl bir bina edildiğini göreceksin. Bir hoşluk göreceksin bıraktığın gölgelerinde. Öylesine olacak ki seni anımsayan diline düşüren hakikatını düşleyecek. Kendini görmeye alışmalısın ama özünden. Sadece değil sözünden. Bunca söylediğin sözler, senin sana yaklaşmanı sağladı sadece. Ve sen, sana aşık oluyorsun. Canım sensin, ruhum sensin, hedefim sensin. Benim bu sözleri yazmama vesile oluyorsun. Bu imkanı tanıyorsun. Derinlerimde olanı sana veriyorum, yoksa olduğum yerde, kuruyan bir pınar olacaktım. Sizlerin ibadeti çokçadır. Benim ibadetim, Tek. Benim seni sevmem bir ibadettir. **Benim de ibadetim, seni sevmemdir.**"

# ŞEMS GÜNEŞİ

ruh = madde   madde = ruh

e=mc2 gibi düşünelim.

Ruhu maddeden ayırmadan. Ayırırsak bütün tevhid anlayışı temelsiz kalır.

İşte çoğu mistik bunu anlayamadı.

Ve bedenine çok azap etti. Tasavvufun "çile" yöntemi, "azap çekme" durumuna dönüştü. Aslı öyle değildi. Nefsi terbiye etmek, aşama aşama gerçekleşebilirdi. Her şeyden el etek çekmek, nimetlerden uzaklaşmak "terbiye" değildi. Hiç gereği yokken hem de. Bir amaca hizmet etmedi, sadece acı çekmekten başka.

*Beden mabedindir.*

Bedeni sevmek ve ilgi göstermek farzdır. Onunla tanınır ve bilinirsin. Dünya nimetleri, insanlar için yaratıldı. Her şeyden tad almak icab eder. Onları tamamen yok görmek ve silmek değil. Şu unutulmamalıdır "İnsan, ölümü tadıcı olduğu kadar,

Aşkı da tadıcıdır ve tüm Dünyada, kendi için yaratılan nimet-
lerin de tadıcısıdır".

Tanrı "ben bilinmek istedim" dediği anda formülünü kurdu
ve beyanını yaptı.

Bir soğanda bulunan kabuklar gibi, kat üstü kat olarak be-
denlerimizi var etti.

Sen 7 kat bir beden örgüsüne maliksin.

Kafatasında olan gözün görmediği 6 kat beden daha var.

Hepsinin sağlıklı olması yani işler olması gerek.

Bir tarafta yarık delik olması, gerek bedensel gerekse ruhsal
rahatsızlıkları ortaya çıkarır.

Yani seni gören **"eğer bilinçli ise"** sadece senin dış yüzünü
görmez.

Bizim gibi diğer bedenlerini de görebilir.

Gerçek kurbiyet budur.

Yaşanılan travmalar bu bedenlerde problemler yaratır.

En son Dünyada göründüğün et kemik bedenine kadar gelir
ve hastalık olarak ortaya çıkar. İşte hastalıklarımız, aslında bize
neyi tedavi etmemiz konusunda ip ucu verir. Şunu unutmaya-
lım ki, burası ekim alanı. Burası göz bebeği. Burada olanlar,
önemli ve sen de buradasın; Mevla'nın önem verdikleri de bu-
rada. O zaman önemli işler var. Rabbani işler. Bedenini bırak-
san dahi şu anda, hangi halde isen, öyle haşr olursun. Nasıl
öldün öyle dirilirsin. Değişen ne olur ki. İşler burada tamam
olacak.

Hallac-ı Mansur Dar'a heyecanla gitti. Canını Mevla'ya feda
etti. O işini öyle yaptı. Herkes işini yapıyor. Bu iş İlâhî bir İş'dir
demiştik önceki satırlarımızda. Hallac'ın anlattıkları, çağımıza
kadar ulaştı. Anlayanlar oldu evet. Ama akılları erdiği kadar.
Onun yaşadığı ruh halini yaşamak ise, yiğit meydanına, boy

gösteren pehlivanların işidir. Şimdi, şimdidir ve bu heyecanlar da şimdinindir. Günümüzün heyecanları daha farklı olacaktır. Tenini canını feda edebildiği kadar. Tenini ve canını vermek. Feda etmek, ondan vaz geçmek değildir. Onun aslını bilmektir. Esbabını bulmaktır. Var olanın Hayy olana ermesidir. Hayy nedir diye sual eden olursa. Hayy, iman etmektir.

## ŞEMS GÜNEŞLERİ

Sıralanmalar, sınıflanmalar, bunlar yok olmalı. Senin engelin sadece sensindir. Aşman gereken tek şey, "sensin". Gün gelip de geçenlere, şimdi üzülme. Çünkü anlamını yitirecek olan çok günler geçti insan yaşamından. Her biri de öyle olacaktır. Sonsuz olana, sonlu olanlar, ne kadar duyguları ile yaklaşabilirler. Sadece duygunun ötesine geçmen istenir senden, sadece bu.

Dünyayı, uzay boşluğundan gelen güneş ışınları aydınlatır. Çünkü yüz elli milyon kilometre uzaklıkta, uzay boşluğunda, bir alev topudur Güneş. Bu zahiri bir görüştür. Dünyasal bir bakış açısı. Dünyayı, sabah doğan, akşam olunca batan güneş mi aydınlatır? Oysa bizim kalplerimizde olan güneş hiç batmaz. İşte, asıl Dünyayı aydınlatan güneş, kalplerin Şems'idir. Ve Dünyanın apaydınlık olabilmesi için, her insanın, kalbindeki Şems'ini doğurması gerekir. O Şems doğmalıdır. O kalplerin Şems'i, doğduğu vakit, bir daha hiç batmayacaktır.

Gökteki güneşten daha parlak, ışığı hiç sönmeyen.

Gökyüzündeki Güneşin de bir ömrü vardır. Tıpkı görünen her şeyin ömrü olduğu gibi. İnsan da kısıtlı bir zamanda yaşar. Vakti gelince, bedeni terk eder. Eline geçirdiğinde, kaybolduğunu gördüğümüz çok şey oldu bu fani Dünyada. Esas olan elde tutmak değildir. Yalnızca "arzu"nun kalbinde olmasıdır. İşte seni ateşleyen, güç veren, tetikleyen, sonsuz güç. Senin

Güneşin, kalbindedir. Sen sadece arzunun yükselişini beklemelisin, o seni ancak manâsına eriştirir, maddesinde aldığın tadın. Eskilerde bir dua vardır "Eşyanın hakikatini göster bana". Eşyanın hakikatinin açılımı budur. Madde Âleminde aldığın tadın, arzu bedeninde yükselişi. Onu maddenin ötesine, kalbinin de ötesine, ruhuna taşımaktır. Ledün İlminin en önemli bilgilerindendir bu. Tüm Nebilerin ve Velilerin yükselişi böyle olmuştur. Eşyanın hakikatini görmesi ile. O bilgiyi alarak, bedenin içinde bir yanma meydana getirerek. Fizikte, Güneşin yanışı nasıl ki hidrojen gazı ile gerçekleşiyorsa, Manâ Âleminde de insanın yanışı Aşk ateşi ile mümkündür. Yanmak, madde boyutundan üst Plâna erişmenin anahtarıdır. Eğer o olmasaydı, bugüne kadar erişen aşkların feryadı anlamını yitirirdi. "Yanmalısın, yanmalısın, ortada sen kalmayıncaya kadar" sözü batini bir sözdür. Ledün İlmidir.

Çift kanad ile süzülürken Sem'alarda. Nokta'ya indik, kisveye büründük, çul giydik de Âdem olduk zannettik. Arş'tan Alçaldıkça Yücel'dik evet. Hem de ne Yüceydik, kâinatlara sığmazdık. Lâkin Yüce'lenmek yakışmadı, Yücelendikçe battık, Yücelendikçe çıkamadık.

Uçmak değildi ki mesele. Adabı ile Konmaktı. Edebi korumaktı. Unuttuk. Sabır edilesi bu günlerde. Sus artık Gönlüm. Sus da O vakit O konuşsun. Ya sus, Ya Al Kendini Buradan.

"Biraz eskilere takılıyorum. Önümde açılmış bir girdap, gireyim mi? Girmeyeyim mi? Dalayım mı, dalmayayım mı bu ummana. Karar vermeliyim kısadan, yolculuk var. Hazır mısın diyenlere bir ses vermeliyim. Haydi gel demişse, duramam buralarda. Birazcık ayrılık acısı olsa ne olur? Sonunda vuslat varsa. Biraz ayrılık varsa, varsın olsun. Sen varsın ya. İşte söylenecek söz bu. Hayy'di, sen de söyle bu ezeli şarkıyı. Biraz ayrılık varsın olsun. Sonunda vuslat varsa. Hayy'di sen de yan bakalım biraz, bir garip yolcusun buralarda. Yan ki, sen de yak gönülleri. Sözler bir şifa olabilsin insan dostlarına."

Sözlerin farklı ağızlardan çıkması, manâyı değiştirmez. Zira hedefleri birdir o sihirli sözcüklerin. Bunu anladığında, aradığının gözünün döndüğü her yerde sana gülümsediğini görürsün. Ondan gelen her etki, ruhunda büyük bir değişim başlatabiliyorsa A'la. Değilse, tüm yazılanlar veya okuduklarını, kelimeler bütünüdür. Bir manâ ifade etmez, sadece kalbine hoşluk getirir. Kelimelerin büyülü etkisini, şifalı enerjisini kavrayamadıkça, onlar yan yana dizilmiş harflerden öte olmayacaktır.

İşaret fişeği örneği gibi. Onu yakan, "ben burdayım" mesajını verendir. İşte insanın tetiği de budur. Kalbinde aşk ateşi yanmış ise, kâinatın neresinde olursan ol, "Biz"ler gelir seni buluruz. Sen kalbinde aşkın fitilini yakmış isen, bu "gel beni bul" demektir. Gayb Er'leri de sana ellerini uzatır. Demek, Ledün İlmini alabilmen ve o ilim ile yoğrulabilmen için, önce sende ateşin yanması gerekiyor. İlim, Aşk'tan sonra gelir. Arif aşklanmadıkça taçlanmaz. Bilgelik insanda, Aşk'landıktan sonra konaklar. İlim insana, Aşk'landıktan sonra uğrar. Bu yüzden, Ledün İlmi, yerden bir ot gibi bitmeyecek, gökten de zembille inmeyecektir. İlm-ü Ledünna olan Gaybî İlmi, kalbinden sana bir Şems gibi doğacaktır. Seni sana tanıtmak için. Kim olduğunu bildirmek için.

Eğer dua ile ulaşmaya çalışıyorsan kendi özüne. Dileklerini değil, "Kararlarını" bildireceksin!.

Seçimlerimizdir kaderimiz. İpler elimize verilir mi HİÇ. Sadece kaderimiz kendi ellerimizde.

Bizler geliştikçe, manâlar değişir ve derinleşir. Bizim o manâlara bakış açımız da, zamanla gelişecektir. Senin dış Dünyaya konuşmalarını insanlar duyarlar. Peki içteki konuşmalarını kim duyar? Ayette deniyor ya "nefsin fısıltılarını duyarız". O "duyarız"daki "Biz"ler kimdir? Neden "Ben duyarım" değil de "biz duyarız"dır? O duyanlar daima Ledün İlmi sahipleridir. Senin tüm içsel konuşmaların kayıttadır. Bir küçük kıvılcım beklenir. İşaret fişeğini ateşlemen gözlenir. Sürekli gözetim altındasındır. Senin manâlara doğru derinliğini fark ettikleri an, sana misafir olurlar. Gayb Er'leri daima bizimledir ve onlar bizlerin ruhsal ailesidir. Fizik Dünyadaki anne-babamızdan ve evladlarımızdan dahi çok yakındırlar. Dosttur onlar. Kur'an- Kerim ayetinde belirtildiği gibi. "Dost, Allah'tır." "Biz" diyenler ise, Allah katından kendilerine ilim verilmiş, görünen-görünmeyen varlıklardır.

*İnsanın gizlisi yoktur, dostlarının yanında.*

Tutkularımız, bizleri elde "edilişlerle" sınırlayamaz. Bizler gönüllerin erleriyiz. Ve hitabımız da yine gönül erlerinedir. Biz'ler, bazen sadece bir sözden ibaretiz. O da uçar, geçer, gider. Madde erbabının erişemediği yerlerden, gönül meclislerine doğru. Duyuru borusu çalındı ve Sur'a üflendi. Sırların bir bir açılma ve saçılma vakti geldi.

Bu Dünyaya sevginin egemen olmasını bekleme. Spritüalistler her zaman yanılmıştır. Onlar hayalle avunmak isterler, ama öylesi bir Dünya bu gezegende "Dünya" adında olmayacak. Eğer öylesi olursa bu Dünya böyle olmaz, olamaz. Onun adı Dünya olmaz, "cennet" olur. Tekâmül Plânları gereği elde edilmesi gereken bir değer, bir şeyi feda etmeden gerçekleşmez. O feda dediğimiz de" nefs" dir. Nefsin egemen olduğu bir yerde, sevgiyi egemen kılman bir reklam programıdır ancak. Ne zamanki;

ben + sen = Biz

diyecek insanoğlu, ancak o zaman. Yaşam ciddi bir iştir. Heyecanla yönetilemez. Onu idrak eden, aklını kullanan ve ayağı yere basan kullar ister.

Madde Âlemi "ayrılıklar" üzerine perçinlenmiştir. Bu nedenle manevi değerlerin tartısına vuramayız. Madde ve manâ birdir açıklaması, söyleyenin dilindeki cümlenin sonuna konmuş bir nokta gibidir. O noktanın sırrı, madde ile açıklama yapabilmenin hudutları ile sınırlanamaz. Bu sırrı açıklarken de, kişi kendi hudutlarını bilmelidir, onu dinleyicilerin hudutlarını da göz önünde bulundurmalıdır. Fazlası beyin nöronlarına yük getirir.

Atom altı değerleri bırakın, atomlar arasındaki bir çarpışma dahi genel dengeleri bozacağından, kanunları koyan ve uygulayan Mutlak Plân, tüm partiküllerin aralarında bir itim ve çekim alanı oluşturmuş ve bu nedenle birbirlerinin sınırlarına girmezler. Ledün İlminde, "iki deniz" konusudur bu. İki deniz arasında akan tatlı su. O iki deniz asla birbirlerine karışamazlar.

*İnsan nelerin derdine düştü. İnsan, yok idi, var ettik. Şimdi de soruyor "yok nedir" diyor, ... varken.*

Diğer taraftan manevi konuları açıklamak ise maddi değerlerle olamaz. Konumuz Rabbin insana yakınlığı olduğunda, içsel ve dışsal yakınlık, lineer bir ölçü ile yapılamaz. Eğer yapılmaya kalkışılırsa yetersiz olacaktır. Beşeri gözle bakılırsa, var olan ve yok olan ayrımına girmek eksik olur. Eğer öyle yapmak gerekseydi, önce var olandaki Tanrıyı anlatmam gerekirdi ki, bunu dile dökmem, yok olan bir tanrıyı da anlatmamı peşinden getirirdi. Zira her ikisini de anlatmak, işi zorlamak olurdu. Onu var ve yok kavramı ile anlatmak mümkün değildir. İşte bu nedenle Kuantum açıklamaları bu konuda pek bir şey ifade etmez, yalnızca maddenin bilinmeyenlerine doğru yol almakta fayda sağlar. Ama onu bu ve benzeri madde formülleri ile açıklamak her zaman eksik olacaktır. Bizlerin sorunu, dışımızda aramakta olduğumuz bir tanrının olmadığına bir türlü inanamamaktan geçer. Yani dışsal arama inkara kadar götürür insanı. Varoluşta, varım demek, yok demekle aynıdır. Lâkin varoluşunun dayanaklarını bilirsen, dayanakları her ikisinde de aynıdır. Bakışına göre rol biçersin ve yorumlarsın.

## TANRI VE TANRISALLIK

Bilinmelidir ki, "Tanrı yok" dediğinde, onu zihninde "var" edersin.

"Tanrı var" dediğinde de, zihninde "Tanrı yok" demiş olursun.

"O", varlığında-yok hükmünde, yokluğunda-var hükmündedir.

Bir şeyi inkar etmek, yok saymak, onu zihnen yaratmaktır. Senin dil ile "yok" dediğini, zihnin "var" kılar ve sürekli arayışa girer. Kanıtlar arar, "yok" olanı, "var" kılacak her türlü meşguliyete ve çabaya girer.

Bir şeyi kabul etmek, onu var saymak, zihnen "yok etmektir". Senin dil ile "var" dediğini, zihnin "yok" kılar ve sürekli arayışa girer. Kanıtlar arar, "var" olanı, "yok" kılacak her türlü meşguliyete ve çabaya girer.

Peki ne yapmalıdır insan. Bir "-Yaradan var- ya da -Bir Yaradan yok-" demekten uzak bir hale nasıl bürünmelidir? En başta, Yaratıcıyı var/yok kavramlarından uzak tutmalıdır. O ne vardır, ne de yoktur. Bunların her ikisidir de ve hiçbiridir de. Sen, tüm varlığın ile "Yaradan'ını var" kılan bir şahesersin. Sen, tüm yokluğun ile "Yaradan'ını yok" kılan bir şahesersin. Her şey senin zihnindedir. Varlık da zihnindedir, yokluk da zihnindedir. Peki şu soruyu sormalıdır insan. Kendisinin dışında bir Dünya var mıdır-yok mudur? Önce buna emin olabilmiş midir? Kendisinin dışında insanlar var mıdır-yok mudur? Önce buna emin olabilmiş midir?

Kuantumcu bilim adamları "Her şeyin atomları ve atomaltı partikülleri boşluktan ve zerreciklerden ibarettir, o zerrecikler de bir var/bir yok olur" demektedirler.

Mistikler, "Her şeyin aslı hayaldir" demektedirler.

O zaman, sen gerçekten var mısın? Yok musun? Senin atom altı partiküllerin var/yok ile hareket etmekte iken, senin için var diyebilir miyiz? Senin aslın/özün, bir hayal ise, sen nasıl var olabilirsin?

O halde her şey, bizlerin zihinlerinde var/yok kavramı içinde yaratılıştadır. Sen de, gördüğün ve hayal edebildiğin her şeyin "Yaratıcısı"sın. Kısaca, sen de bir "Yaratıcı"sın.

İnsan bir yaratıcıdır. Fakat yarattığı şeye, ancak kendi enerjisinden, kendi sevgisinden, kendi çabasından katabilen bir yaratıcı. Ona ancak, sınırlıca renk, şekil, tad ve koku verebilir. Bir sınırlının yarattığı da sınırlı olacaktır.

Yaradan bir Yaratıcıdır. O her yarattığına, ruhundan üfleyen ve içine cevherinden bir parça, nefsinden bir parça koyandır. Sonsuz olanın yarattığı da "sonsuz" olacaktır.

İşte aradaki sonsuzca ve sonsuzca olan "fark" budur.

Hani yaşlılarımız ve toplumumuz her zaman şunu der "ben çiçek ektim ama, Allah izni ile büyüyecek". Anne der ki "karnımda bir bebek var, Allah izni ile doğacak ve büyüyecek". İşte oradaki "Allah izni", tüm var olanların özündeki "Allah Bilgisi", "Ledün İlmi"dir. İlk emir olan "Kün" yani "Ol" da içine katılan "cevher" ve içerisine üfürülen "ruh"tur. Sonrasında da yaratılanlar, yaratmaya devam ederler.

Yaradan "kelâmı" ile yaratan, İnsan "çabası" ile yaratıcıdır.

Yaradan, yarattıklarının esiri olamaz. İnsan, yarattıklarının esiri olur.

Yaradan, yarattıklarını sonsuzca sevendir. İnsan, yarattıklarına tapan bir varlıktır.

Yaradan, yarattıklarının kölesi olmaz, izleyeni olur. İnsan, yarattıklarının kölesi ve esiri olandır.

Yaradan, yarattıklarından özgedir, özgündür ve hür yaratır. İnsan, yarattıklarını tanrı kabul eden bir varlıktır.

Yaradan, her an bir iş'de ve bir oluş"tadır, yaratımı her an sonsuzca devam eder. İnsan, yarattığı her şeyi sahiplenendir, sahiplendikçe de kendi özgürlüğünü yitiren bir varlıktır.

Sonuçta, Yaradan yarattıklarıyla yoluna devam edecektir. İnsan ise, yarattığı her ne ise, bir gün onlarla vedalaşacaktır.

Bir ayet var, tüm ayetler gibi güzel bir örnektir bizler için.

Andolsun ki, sizi ilk defa yarattığımız gibi teker teker bize geleceksiniz ve size verdiğimiz şeyleri arkanızda bırakacaksınız. Yaratılışınızda ortaklarımız sandığınız şefaatçılarınızı da yanınızda göremeyeceğiz. Aranız açılmış ve tanrı zannında bulunduğunuz şeyler sizden kaybolup gitmiştir. *Kur'an-ı Kerim, EN'ÂM Suresi 94. ayet*

## KORUNAN VE KORUYAN

Bir dağ başına çekilmekle kaçacağını sanan insan. Kendini koruduğunu sanır. Ama bir arı gelir burnunda vızıldar ve bir iğnesi bile o insanı deliye çeviriverir. Nemrut'un burnundan giren sinek misali. Kimsenin yenemediği kral Nemrut'u, bir küçük sinek alt edebilmiştir. Bu yüzden hiçbir kasa, hiçbir mahzen, hiçbiri tedbir değildir. Hallac-ı Mansur'un hapiste verdiği yanıt vardır. Tüm kilidleri açar ve mahkûmlar kaçar, bi o kaçmaz. Derler ki "hadi sen de kaç". Ve Hallac da der ki **"ne-**

**reye gideceksin ki"**. Senin gönül mahzenin, Yaradan'ın seni beklediği yer iken, nereye gidebilirsin?

Korkuların seni engelleyemez. Korunmak, bazen olayların tam ortasında olmakla da olur.

Olanı seyretmeli insan, gelen güneşin her yeni gününe teşekkürlerini göndermeli. Bazen inanılmaz bir illüzyon içinde görür kendini, hiçbir şey kalbinde yer bulamaz. İşte o zaman kötü olanın bile bir şekilde korunduğu görülür. Buna da insanoğlu bir anlam veremez. Halâ kötülüğün neden sürdüğüne ve engellenemediğine. İdrakine vardığında ise, "kötüler bile ne güzeller" demeye başlar. Çünkü, kötünün, en kötünün de içinde bir Sevgi vardır. Daha yüksek bir irfan kanatlarına kavuştuğunda ise, işte o mührü söker atar zihninden, idrak eder iyi-kötü manâlarını. İşte o vakit, korunma nedir anlayabilir.

Yalnızların durağında, onlara dokunan, çok yürekli dostlar vardır. Adlarını çok yakından bildiğin, ruhlarına el ve dil verdiğin dostların. Bir merhaba ile çoğalt kendini, sınırlarını aş ve kendine ulaş.

*"Senin özelleşen sorularına verilecek yanıt da özel olmalı. Çünkü sen yaratılışta tek olansın. Başka yok senden bir adet daha. O zaman soruna yanıt verebilecek kişi, soruyu soran senin tarafından olabilir ancak. Çünkü içeriğine ve gönlünden geçenlere sen vakıfsın. Bundan dolayı, "benim sorularıma, sadece ben yanıt verebilirim" kuralı geçerlidir Ledün İlminde. Sadece zamanı gelmesini bekle. O yanıtı yorumlayabilecek olgunluğa eriştiğin zaman, o yanıt zaten gelecektir. Ama bir olayla. Ama bir varlıkla. O yanıt, er ya da geç gelecektir."*

## ACELE ETME

Acele etmez isen, gereken olur. Neyin ne vakit gerekli oluğunu bilmemiz imkânsızdır. Bunu ancak, etkilere verdiğimiz tepkiler tayin etmektedir. Eski kitabi bilgelerde, bilgelerin daima "eşsiz suskunluğu" söz edilir. "Acele etme" sözü işte bu sırrın açıklamasıdır. Sabırlı ol anlamına gelir. Oysa bu "eşsiz suskunluk", cahil insanın "kaderim bu" diye sebebsizce beklemesi ve yaşamlarını bir inat çekişmesi haline getirmesi asla değildir.

## BİRİKTİRME

İncelikli bir Âlem. Her şeyi kayıt eden ve zerrenin zerredeki hakkını yerde bırakmayan bir Âlem bu Âlem. Bazen o kadar şeffaf olursun ki, nefes alman, kalbinin atışına bağlı kalmaz. Bedenin tümünü kaplar. Baştan başa bir kalp olursun ve evrenin kalbi olmaya bir aday daha doğmuş olur. Biriktirme. Zihnin çöplüğüne, her seferinde bir düşünce formu atma. Yoksa ağlama duraklarında zaman kaybın çok olur. Biriktirme, beklenenleri biriktirme, gelmeyenleri biriktirme. Bırak akıp gitsin, geldiği yerlere.

## DÜNYA VE AHİRETİ

Orayı buradan, burayı da oradan ayırmayız. Âlem tek. Ayıran çoğaltan insan şuurudur. Tek yer ve zaman. Tek olandan tekden gelen tekler. Tabi ki tek tek, adım adım, yudum yudum yürüyecekler.

ŞEMS GÜNEŞİ

# SENİ DUYUYOR MU?

Tanrı beni duyar. Çünkü O'nun bir ismi de "Duyan"dır deriz ve bununla avunuruz. Peki öyleyse, sesini duyduğuna eminsen, neden ayrılık bu kadar acı veriyor. Ya duyduğunu sandığın onun sesi değil de, senin nefsinin fısıltılarıysa. Şimdi bunu öğrendin ve o kadar hıçkırıklar boşa mı gitti. Bu kadar seslenişe yanıt vermeyen, acaba nerelerde saklanıyor? Sen avaz avaz bağırırken, seni neden duymuyor.

Kur'an-ı Kerim kitabında "zerre yok'ki ondan haberimiz olmasın" ayeti vardır. O zaman duyuyor anlamına gelir bu. Ama neden yanıt vermiyor? Günler boyu süren milyonlarca insanın çağrısına neden karşılık vermiyor? Yakılıp yıkılan bedenlere, acısını içine gömen gönüllere, neden bir tek ses yok? Neden? Ey yolun yolcusu. Razı mısın bu sessiz durana? Kim razı olabilir ki?

Ağlamalar, sızlanmalar, acı çekmeler. Bunlar, sadece içine dönen seslenişlerindir. Şikayetlerindir. "Neden ben, neden bana" deyişlerindir.

Ama "O" yani Yaradan, daima suskun duran, sana, senin için yarattığı "zaman"ı kullanarak yanıt verecektir. Bunu bir söz olarak bekleme. Senin olgunlaşmandır beklenen. Hayatın bir hediye, bir yücelik olarak O'nun sana hediyesidir. İşte "zaman" bunun içindir. "Zaman" bu yüzden yaratılmıştır. Ve kullar, "zaman" içerisinde, cevaplarını alırlar.

Sabaha merhaba dediğin her gün, Dünya senin için bir tur attı ise, yeni bir şeyleri yakalaman içindir, kudret denizinden.

# SONUÇ

Evet, çok yol aldık seninle, epey ilerledik. Kitabı kısa tuttuk ki, okunan bilgiler hazm edilsin ve okuyan her kalbin sesinde yankı bulsun ki, kendi gönlünden yanıt gelsin istedik. Ledün İlmi, öyle bir kitaba sığacak bilgiler içermez. Ledün İlmi, kitabi bir bilgi değildir. Sadece bir fikir verebilir yazılanlar. O ilme, ancak kalbinden gelecek yanıtlar ile sahip olabilirsin. Bu sahipliğin de ötesine geçen bir ilimdir. Bu bir açılış, bir kapı, sonra gelecekler için bir kıvılcım. Heybetli bir bilgi. Ünsiyet kurulduğunda, yani yüksek empati hali oluştuğunda, yaşam içerisinde mucizeler de peşi sıra gelecektir. Herkes gideceği yolun sonunu merak eder. Yol uzundur ve vakit sonsuzcadır. O vakte biz "zaman" adını veriyoruz. Zaman da, Yaradan tarafından, canlılar ve bizler gibi "yaratılmış"tır. Zaman kavramı sadece zihinlerdedir ve iletişim için gerekli bir rakamsal ifadedir. Oysa zaman bildiğimiz "saat" değildir. Şuursaldır. Geçip gitmez. Geçip giden insandır. Zaman, her maddesel ve manevi boyutlarda, farklılıklar gösterir.

*"Adamın biri buğdayı eşeğine yükler yola koyulur. En yakın yerdeki değirmeni aramaktadır. Yolda bir dervişe rastlar. Sorar "Buğdayımı öğüteceğim, en yakin yer neresidir Ey Derviş"*

*Derviş sükûnetle yolu tarif eder ve şunu da söyler "Gideceğin yere hızlı gidersen üç günde varırsın. Yavaş gidersen iki günde..."*

*Adam şaşırır. "Bu nasıl olur ya huuu" dese de, dervişin gülüşünden bir şey anlamaz. Yola koyulur. Bir an evvel varmak ister. Dervişin "hızlı gidersen üç günde varırsın" sözünü hiçe sayar, hızla eşeğini yokuşa sürer. Yokuşu hızla çıkmak isterken yalpalayan eşek üzerinden buğdaylar dökülür. Adam buğdayları toplar sonra yine hızla eşeğini yokuşa sürer. Eşek yalpalar ve yine buğdaylar üzerinden dökülür ve üç gün boyunca o yokuşta zar zor yol alır. Nihayet üçüncü günün sonunda yokuşu aşar ve değirmene varır."*

Herkesin dilindedir bu kıyamet kelimesi. Gerçek büyük kıyamet denilen, insan varlığının kendi cevherini anlayışı ile kaimdir. Halâ sur'a üflenip, bir sırat köprüsünden geçeceğini düşünenler için yazalım istedik. O Sur'a çoktan üflendi. O sırat köprüsü daima geçiliyor. Sırattan geçen yine sen, ben, bizleriz. Sen kendini bilme ve kendine öğretim yolundayken, o sırat köprüsünden daima geçmektesin. Bundan önce de, senin ruhuna zaten Sur denilen borudan üflendi. O boru, senin Yaradan'ın ile sen arasındaki iletişim kanalıydı. Sen doğduğundan ölene kadar, o iletişim büyük bir hız ile devam etmektedir. Hızlı da gitsen yavaş da yol alsan, eninde sonunda varacağın yere varacaksındır. Tabi, varılacak bir yer olmadığını da, yolun sonunda bileceksin. Fakat biz şimdi, bu kitapta sana, bu bilgiyi, önceden bildirmiş olduk.

Doğduğumuzdan beri bize daima "sen noksansın" diye diye büyütüldük. Oysa "tam ve bütün" bir yaradılışta iken. Sonsuz Yaradan, hiç noksan bir şey yaratabilir miydi? Bunu hiç akıl

# SONUÇ

edemedik mi? Sonsuz Yaratıcının yarattığı da elbette, sonsuz olacaktır. Noksanlık, yaradılışımızda değildi ki, zihinlerimizin içindeydi. Çünkü "noksanız herhalde" diye düşündü, düşündüğünü yarattı, var etti, o düşünceye şekil verdi, onu maddeselleştirdi, put edindi, o puta taptı ve kendi yarattığının esiri oldu. Oysa sınırsız bir algılama yeteneği ile donatılmış bizler, bunu göremiyoruz bir türlü. "Ne büyük ironi" demekten alamıyor insan kendini şimdi.

Geç kalmış değilsin. Kendine çeki düzen vermek, şöyle bir silkinip, üzerindeki tozlardan kendini temizlemen gereken zaman gelmiştir belki. Belki de o zaman, şimdidir.

"Bu hayatımda" şuna inandım ki, kısmet insanın ayağına gelmiyor. Varsa bir gelen, mutlaka sen ona gittiğin içindir. Yaşamının bir döneminde ve o dönemin en mühim anında, hayallerin gerçekliğine doğru Hakikatli bir adım atmışızdır. Hiçbir kuvvet, Dünyasal icaplar ya da İlâhî olan kuvveler, insan adım atmadıkça ona yaklaşmaz.." İşte Ledün İlminin en kalb-i bilgisidir bu.

*Bir adım atana, sonsuzca gelen tesirler içerisindeyiz..*

Ve içimden çok güçlü bir avaz işittim, yankı halinde bir ses. Bu satırları kaleme alırken.

"Binlerce kere kendin içindi. Şimdiki başka. Şimdiki Aşk'a. Şimdiki ilme doğru bir adım daha."

Göksel Âlem, senin bir adım atmanı bekliyor. Bir adım daha. Hayy'di. O adımı at!. Tek bir adım daha.!

# LEDÜN İLMİ HAYY

# ÖZEL BÖLÜM

**"Bazen bende eriyip ben oluyorsun, bazen de, sen de eriyip sen oluyorum. Öylesine yakınsın ki, seni görmem bana ayrılık gelir."**

Bu cümle, yaşayan, nefes alan birine söylenmemeli diye düşündüm. Zaaflarla, arzularla dolu bir beden içerisinde olan bir insan, bu cümleyi işittiğinde, fiziken görüşememenin verdiği derin bir üzüntü içerisinde boğulabilir. Yaşayan birine söylenmemeli evet, ama ölü birine de "yakın olma" manâsını anlatma şansı da olamazdı. Yakın kelime manâsını "dip dibe, yanyana" olarak algılayanlara da anlatılamazdı. Ya da bu kelimeyi ömrü hayatında hiç duymamış birine de. İşte, yukarıdaki söz, ancak, "yakın" kelimesinin ne olduğunu kavrayan bir muhatap arar kendine. Ve bu söz, onu Hakk edene söylenebilir. Ledün İlmindeki açılımı ise şöyledir. "Yaradan'ın nefesinde bir "kelâm" olan insan, sırf o kelimeyi duyabilmek için beşer elbisesini giyer ve Yaradan'ın Sözlerini işiten kulağı olur. Yaradan'ın cevherinde bir "belirti" iken insan, O'nun evrenleri var ederken gizlediği izleri görebilmek için beşer elbisesi giyer ve gören gözleri olur. "Yakın" manâsının açılımı "Ben buradayım, Seninleyim, seni asla bırakmam. Sen beni hiç unutmadın, takip ettin izimi, işittin sözümü, gördün yüzümü. Ben de seni bırakmam ve takip ederim. Ve sen asla yalnız değildin. Yanında olduğumu, sana senden yakın olduğumu daima bildin. Ben seni sevmekten asla yorulmam ve beni unutsan bile seni asla unutmam"dır.

Ledün İlmi'nin en anlaşılmaz konularından biridir "Mesajcılar". Dünya üzerine gelmiş geçmiş, az ya da çok sayıda "mesaj ileten" vardır. Gayb Âleminden süzülerek gelen mesajcının görevi, daima hizmet amaçlı olmuştur. Hizmeti ya bir kişiye olmuştur, ya da toplumlara. Bir kişiye ya da toplumlara olması arasında pek fark yoktur. Ledün İlmi, "sayısal değer odaklı" bir amaç içermez.

Bir kişi için gelen Mesajcı, "kişi" odaklı değildir. Ancak, bilir ki, O bir kişinin değişmesi, tüm Dünyayı etkileyecektir. Dünyanın ve insanlığın kaderini değiştirecek gücünü keşf edebilmesi için, o "bir kişi"ye türlü yardımlarda bulunur. Uzun soluklu ve zorlu dönemeçlerde yalnız bırakmaz, ellerinden tutar ve Dünya şartlarına yenik düşmesine engel olur. Basid bir örnek ile açıklamamız icap ederse, Şems'in tek bir kişi için gelişi ve tüm Dünya insanlığına mesaj iletecek olan Mevlânâ'yı ortaya çıkarışı.

Toplumlara gelen Mesajcı ise, Nebi/Peygamber'lerdir.

Tüm Mesajcı'ların amacı, "mayalama"dır. İnsan kalplerine yönelik, "İlâhî Mayalama" işlemi. Mesajcının İlâhî işi, insanlara uzanmak. Onları bir nebze serinletmek. Kızgınlıklarını fark etmelerine yardımcı olmak. Sevdalarını anlamalarını sağlamak. Aşkın yüceliğini yaşatmak. Daha ötelere, Dünya maddesinin onlara verebileceği zevklerin de ötesi bir anlayışa yani Huzura taşımak. Kendi cennetlerine ulaştırmak. Arzdan Arşa bir yolculuk ettirmek. Kendi miraçlarını yaptırmak. Mesajcı bunu ya bir kişi ile ya da topluluklara hitap ile yapar.

Bu yazılanları aklınla okumak yerine, gönlüne bırak, kalbine sun, o işini bilir. Bu cümleleri yazan bir vasıta değil, belki de okuyanı olarak sensindir. Ledün İlminden bahsediyor isek, konumuz Ledün İlmi ise, bunu gönlün ile bir sorgula. Okunan bu cümleler, bir vasıta aracılığı ile değil, senin ruhundan aksedenlerdir. Seni tamamen kucaklayan, kavrayan, seni sende gören bir yaradılışın eseridir. İçindeki girdabı anlayabilmen için, çok ötelerden gelip, senin görüş alanına girdiler ve çok derinden bir nida oldular, hoş bir seda olarak kulağına ve gözüne hitap ettiler.

İnsanı kanatlandıran duygular, bir hayat suyu gibidir. Diriltir ve Hayy eder kuru bedenleri. Bir serçe kuşunun kanat çırpması sonucu ferahlatan bir serinlik yaratır. Sen de o kuşun kanatlarıyla uçup gidersin. Yaşamın ve Yaratılışın izlerine tanıklık edersin. AŞK manâsının derinliğine nüfuz edersin ve anlamını kavrarsın. Allah'ın Şahid Kulları'ndan olmak işte budur. Aşk manâsının açılımı, "Eşhedü en la İlahe İlla Allah"daki şahidliktir.

O mesajcılar, her zaman ve mekânda vardılar ve var oldular. Ama bir kişi için, ama tüm Dünya insanlığı için geldiler ve gelecekler. Kalbini, ruhunu, gözlerini ve kulaklarını tıkasan da, seni her yerden kuşatan mesajlarını elbet duyacaksın. Dünyanın en ücra köşesine de saklansan, en derin mağarasına da kapansan, en yüksek zirvesine de çıksan, bundan kaçışın yoktur. Çünkü o mesajcının görevi, sana mesajını kulağınla duyacağın şekilde iletmek değildir. Bir diğer görevi de, sana kalbinden seslenmektir. İşte kalbinden gelen o sesi, nereye kaçarsan kaç, nereye saklanırsan saklan yine de duyarsın, duyacaksın. Çünkü insanın kendinden kaçası yoktur. Ledün İlmi Er'leri olan Mesajcılardan kaçacağı hiçbir köşe bucak yoktur. Onlar içten-dıştan kuşatan bir etkiye ve güce sahiptirler. Çünkü mesajcı, Allah'ın Şahid Kulu'dur. Kısaca AŞK'ın kendisidir.

Eskiden, kemalete ermenin çok zor olduğu iletilmişti. Kamil insan olmak zordur denmişti. Kırk yıl gibi bir süre geçmesi gerektiği vurgulanmıştı. Oysa bu öyle değildi. Hiç değildi, sadece öyle anlatıldı ve kabul ettirildi. 4 yıl gibi bir zamanda da, kırk yıllık bir yol gitmiş kadar idrake kavuşabilirsin. Bu tamamen kişinin kendisine kalmıştır. Bir oraya-bir buraya gidelim değildir bu iş. "Kendine gitmen" için, sana kadar ulaşan mesajları işitmen ve onları gönlüne sunman gerekebilir. Önce o mesajları ileten Mesajcıyı tanıman gerekir.

Gayb Âleminin Er'i olan Ledün İlmine sahip Mesajcı, öyle kolay yetişmez. Bu iş arşı taşıyacak kadar geniş bir sırt ister. Tüm yaratılmışların sevgisini içine alacak kadar geniş bir yürek ister. En önemlisi de, feda ister. Cefanın peşinden gelen, onun arkadaşı olan feda. Öyle suretlere takılmakla değil, suretlerin arkasında olana ulaşmak ister. Bu böyle zorlu bir iştir. Taşların yerine oturması öyle kolay olmaz. Mesajcı "ben bu işe varım" derken bütün bu zorluklara da evet demiş olur. Mesajcı için belirlenen yol ve çizilen Plân, İlâhî bir Plândır. Ve bu Plân asla değişmez, yürür gider. Mesajcı'ya yardım sonsuzcadır. İşini yaptığı sürece. Mesajcı, toplum arasında 7ler, 40lar, 100ler olarak bilinen Ledün İlmi sahipleri tarafından, sonsuzca hizmet görür.

Mesajcı'nın yaşamında bir isyan dönemi olur. Bir şeyleri elde etmek için yola çıkıp da, onu elde edemeyince olan ve isteklerinin sükutla sona ermesi gibi durumlar yaşayabilir. Yaşamı anlamlandıran kabulleri ve önünden kayıp gitmesi onu sonsuz bir yalnızlığa iter. Ve bu Âlemde, bir yerinin olmadığını düşünür. Tamamen bir boşluk ve çöküntü hali yaşar. Bir dayanak arar, bir dost ve yüce bir güce dayanmak ister. Hakka yakınlık kurabilmenin, Gayb erenlerinin yardımlarını alabilmesinin anahtarıdır bu. Bu bir fırlatma rampasıdır. Kalabalıklar arasındaki derin yalnızlığı, diplerde olmanın verdiği hüzün, asla devamlı olmayacaktır. Bu sadece bir yol ayrımıdır. Bunları yaşar, geceler boyunca sorgular. İsyan eder, ayağını yere vurup da "bunu bana neden yapıyorsun? Neden ben" soruları sorar. Kolay mıdır Mesajcı olmak? Kolay mı sandın yaşamı? Kolay mı sandın red edilmeyi? Kolay mı sandın kenarda bekletilmeyi? Kolay mı bu yolu, bu yolculuğu? Kolay mı insanın kendini fark etmesi?

Eğer kolay diyorsan o zaman kolay gelsin sana da.. Mesajcı olarak gelmenin bedeli, en baştan belirlenmiştir. Tüm Mesajcı olarak gelenlerin yaşadıkları budur. Tüm Nebi ve Peygamberlerin, tüm Velilerin yaşamı kolay olmamıştır. Lâkin hiç de zor olmamıştır.

*"Geçmiş geçmiştir. Bir daha asla yaşanmaz. Şimdi verilen kararların yaşanması zamanıdır. Ve yeni yaratılır ve sen idrakinin ölçüsünde buna katılabilirsin. Geleceğini yaratabilirsin. Şimdi yaşam akıyor. Sen de ona katıl. Ve ak istediğin yere. Bugün yeni doğmuşsun ama haberin yok. Eskileri hatırda tuttukça eskidesin. İyi de yenilerini kim yaratacak. Sen durursan. Yoksa dağlara dur mu dendi? Sen durursan, bunu senin adına kim yapacak? **Kim?***

www.ingramcontent.com/pod-product-compliance
Lightning Source LLC
Chambersburg PA
CBHW060013050426
42448CB00012B/2733